Said Amrouni

La fugue multiforme!

Said Amrouni

La fugue multiforme!

Éditions Vie

Imprint
Any brand names and product names mentioned in this book are subject to trademark, brand or patent protection and are trademarks or registered trademarks of their respective holders. The use of brand names, product names, common names, trade names, product descriptions etc. even without a particular marking in this work is in no way to be construed to mean that such names may be regarded as unrestricted in respect of trademark and brand protection legislation and could thus be used by anyone.

Cover image: www.ingimage.com

Publisher:
Éditions Vie
is a trademark of
International Book Market Service Ltd., member of OmniScriptum Publishing Group
17 Meldrum Street, Beau Bassin 71504, Mauritius

Printed at: see last page
ISBN: 978-3-639-48492-2

Table des matières

« Quand l'observation dépasse le regard, les sens sont tenus en éveil pour faire corps et âme avec une nature qui nous absorbe par son génie, qu'on découvre à chaque instant d'une céleste symbiose qui nous berce entre le rêve et la réalité. » L'auteur

Préambule

Les mutations rapides qu'ont connues les sociétés dans le monde sont porteuses de changements des comportements humains, certains sont positifs, d'autres sont négatifs, dans le cadre de ces changements, l'être humain est soumis à un phénomène, qui au départ relève de cas individuel, mais avec la pauvreté, les guerres et les gouvernances despotiques, le phénomène est devenu collectif et il s'agit bel et bien de la fugue. Sujet, qui est traité au départ par la psychologie, mais avec les formes variées qu'elle a prise dans le cadre des changements des sociétés, elle pourrait devenir un sujet de prédilection pour les sociologues, car elle dépasse l'individu pour devenir un phénomène social, national et international, c'est de la fugue multiforme que traite cet ouvrage, sans prétention aucune l'auteur a tenté de mettre en relief les différentes formes de fugue en essayant de lier ce phénomène à des causes qu'il juge objectives, au départ le côté littéraire est privilégié, mais en avançant dans la réflexion, il s'est retrouvé dans l'obligation d'opter pour des analyses qui dépassent le cadre littéraire, afin d'exprimer d'une manière judicieuse son profond désarroi face à un phénomène qui prend de plus en plus de l'ampleur en touchant de nombreux pays à travers le monde, l'auteur a tenté de donner les causes de ces fugues , qui donnent à réfléchir aux gouvernants, car elles se

sont adaptées d'une manière cruciale aux changements dramatiques qui leur a donné naissance à travers le monde. Pour l'auteur ne pas parlé des formes de fugues relève d'une complicité avec les acteurs qui ont participés directement ou indirectement à la création de telles situations, ainsi il a choisit de désapprouver ces situations par l'écriture en les mettant en relief pour le lecteur. C'est en quelque sorte un crie de solidarité avec les victimes et un S.O.S pour ceux qui sont les architectes de ces situations dramatiques. Espérant que le chaos sera une source de renouvellement positif, d'où jaillira la lumière qui illuminera les chemins escarpés qui mèneront vers une autre civilisation qui reste à inventer.

« Comme celui qui souffre d'insomnie retrouve le matin au bout de chaque nuit, celui qui connait de dures et longues épreuves rencontre toujours la lumière à la sortie du long corridor d'obscurité. »

Denis Boucher

La fugue

Jeune fille, Houria voyait sa vie se détachée de jour en jour de l'ombre de sa famille, orpheline de mère, elle est soumise par sa marâtre à toutes les sanctions qui puissent exister ; elle est souvent privée d'alimentation ; mal habillée, elle trimait beaucoup pour satisfaire le caractère sadique de sa marâtre, elle subissait sans rouspéter.

Belle fille aux yeux bleus, svelte, maigre à cause des souffrances qu'elle endurait, Houria reste une fille calme; dans sa petite cervelle se dessinaient les contours d'une fugue. Cette dernière l'amènera loin de sa famille, elle croyait bien faire et elle ne se doute pas qu'elle ne réussira pas sa fuite. Sans sous, sans expérience, naïve et sans destination aucune, fugué pour Houria: C'est erré. Habillée de vieux frocs, qui mettent en relief ses rondeurs de jeune fille, qui venait d'avoir ses dix-huit ans, un vieux sac en cuir sur ses épaules ; de bonne heure elle quitta en cachette le domicile familial. En sortant, elle embrassa ses deux petits frères qui dormaient d'un sommeil d'ange. Au seuil de la porte, elle jeta derrière elle un regard d'adieu en essuyant deux grosses larmes chaudes qui viennent de glisser sur ses pommettes.

Les parents renflaient sous un sommeil profond indicateur de lassitude nocturne, résultant d'activités ludiques, Sara sa marâtre ne s'est jamais doutée de rien et comme d'habitude, elle compte sur Houria pour la préparation du petit déjeuner. Quelle fût grande sa surprise au réveil, quand son regard fût contrarié par la nudité de l'espace tabulaire. Une nudité expressive qui rend la marâtre furieuse; en gesticulant elle disait : « Elle doit encore dormir cette salope! Il est temps de secouer cette garce! » Sara se dirigea vers la chambre de Houria, dans ses mains une tasse d'eau, là elle découvrit un autre décor effrayant, au point où elle laisse glisser involontairement entre ses mains la tasse d'eau destinée au réveil de Houria. Elle appela son mari et tout en tirant ses cheveux elle cria: *« Houria nous a trahi ! »* Affolé, le père se leva d'un pied gauche et court à la rencontre de sa femme en lui demandant : *« qu'est ce qui se passe ?»*

- Houri s'est sauvée ! Houri s'est sauvée !

- Elle n'ira pas loin lui dit-il ! Elle ne partira que chez la famille! Calme-toi chérie! Calme-toi!

Les recherches furent déclenchées. Madame s'occupe toute la journée des contacts téléphoniques et Monsieur s'engage dans une folle course à travers ruelles et places publiques, à la mi-journée toute la famille est contactée, toutes les places visitées et aucun indice sur la jeune fille ; cette situation amène Sara et son mari au commissariat pour dépôt d'avis de techerche, ils présentent la photo de Houria comme seul objet de reconnaissance ; à cette heure là, Houria est déjà très loin, seule l'air pensif dans le vieux bus bleu qui l'amène après trois heures de route vers la

capitale. Au cours du voyage, elle fait un Fet back au passé à se remémorer les bons moments qu'elle a passés avec sa défunte mère et la rudesse de ceux vécus avec sa marâtre. Elle innocenta dans son esprit son père pour les changements qu'il vit avec Sara, devenu insouciant, marginalise ses enfants, tombe dans un égocentrisme que seul un psychologue chevronné viendra à bout de cette caractéristique d'un homme égaré et qui ne trouve refuge que dans la vénération de sa femme. En remontant les voies escarpées du temps, Houria regretta d'être née sous le toit des Khorotos et s'attriste longuement sur son sort de fille et de futur femme, à force de réfléchir Houria perd même la notion de divinité. Hé oui ! Quand l'être humain se trouve désœuvré et quand l'écho de sa détresse se perd dans les dédales du néant, pour cet être le néant est confondu à Dieu ou Dieu n'est que néant et Dieu pardonnera sans doute les déviations innocentes.

Arrivée dans la capitale, Houria fût secouée par l'étendue de la mer bleue, qu'elle ne voyait que dans les épisodes des films égyptiens ; à la place de la tristesse s'installe la peur, qui agit comme un électrochoc sur son corps. Au terminus, elle mit pieds à terre et sa vraie aventure vers le néant commence. Instinctivement, elle se laisse guider par l'imposante masse humaine qui déferle vers le centre-ville; elle jalonna alors le boulevard Amirouche avec une apparence d'une égarée; elle effectua sans se rendre compte plusieurs aller-retour et comme désespérée elle pénétra dans un monoprix et fait semblant

le temps d'une visite de dénicher son produit préféré. Les marches d'escaliers électriques procurent à ses frêles jambes un certain repos. De temps à autres, elle offrait des sourires innocents pour attirer une âme charitable, qui puisse la sortir de cette solitude qui lui semble éternelle. Intriguée par le décor commercial et par la densité du mouvement des visiteurs; Houria ne s'est pas aperçue qu'un jeune homme, probablement un peu plus âgé qu'elle est sur sa piste, comme un braconnier à l'affût, en attendant la meilleure possibilité; Mourad évite de se faire remarquer. Habitué à ce genre d'exercice il se rendra de visu de la naïveté de son gibier. Cette appréciation à distance lui dicta la méthode d'approche.

Ainsi, il décide de se faire remarquer, sans réfléchir la jeune Houria s'agrippa spontanément au sourire séducteur de Mourad. Ce dernier s'approcha d'elle, lui offre un chewing-gum et l'invita tout de go à une escale au salon de thé de la galerie. Sans hésitation elle répond favorablement à l'invitation; autour d'un thé à la menthe, accompagnée par des tranches de gâteaux au sucre mielleux Mourad en fin séducteur essaye de détendre sa compagne inconnue en effectuant les présentations. Je m'appelle Mourad, j'ai vingt-cinq ans, je prépare une licence en sciences économiques et je suis originaire de l'ouest du pays, plus précisément de Tiaret. Pour briser l'étonnement véhiculé par le regard de Houria, qui ressemble à celui que l'humain ressent devant une œuvre d'art, dont l'intervention de l'artiste vient de rendre banal. Mourad invita Houria à

déguster son gâteau et à chasser sa timidité. Mange! Et parle-moi un peu de toi ! -Je me prénomme Houria, je viens d'avoir mes dix-huit ans, j'ai abandonné mes études après le décès de ma mère. En évoquant sa mère, Houria éclata en sanglots, Mourad profita de l'occasion, s'approche d'elle et prend sa tête la serre doucement contre sa poitrine et lui essuie les chaudes larmes déversées sur ses pommettes rouges. Houria se laisse aller dans ce geste anodin, mais plein de tendresse et d'amour, un geste qui lui va droit au cœur et qui a touché sa sensibilité.

-Ne pleure plus ! C'est la vie, nous allons tous mourir, ce n'est qu'une question de temps.

Houria retira sa tête lentement de sa poitrine, le geste du retrait exprime intérieurement chez Houria le besoin de faire durer cet acte en d'autres lieux. C'est ce qu'on appelle l'ambivalence du geste faire le contraire de ce qu'on veut. Sa sensibilité déclencha chez Mourad le sentiment d'être en présence d'un cadeau du ciel ; pour éviter aux larmes de reprendre le dessus, Mourad monopolise la parole et se montre presque expert dans tous les domaines, un comportement qui valide bien le fameux proverbe qui dit : ***« Au pays des aveugles, le borgne est roi. »***

Houria, tout en sirotant son thé, elle semble être fascinée par cet être quelle considère comme un miracle. Mourad termine la discussion en solo, invite sa campagne à terminer son gâteau pour qu'ils puissent quitter les lieux.

Croyant que Mourad va la quitter, elle lui demande sur un ton qui suscite de la pitié: « Ne me laisse pas, je n'ai pas où allé. » Ha oui ! Mais moi aussi je n'ai pas de lieu où t'amener. Lève-toi ! Nous allons sortir et on verra ce qu'on peut faire. Après avoir réglé l'addition, ils rejoignirent le grand boulevard et l'allongent lentement sous l'effet d'une vive curiosité de Mourad de savoir vraiment avec qui il est entrain de marcher.

-Tu viens d'où Houri ?

-Je suis d'origine d'Ath-Lahwa, je me suis sauvée de la maison à cause d'une multitude de problèmes, j'ai pris le risque de venir à la capitale sans argent et sans destination précise.

-Tu sais, en tant qu'étudiant, je réside à la cité universitaire, je partage une chambre avec un camarade et ce n'est pas possible de venir avec moi, il n'y a pas de mixité, de plus pour aujourd'hui, je vais me permettre de sécher pour toi mes cours de finances publiques et de mathématiques financières, après, je ne peux plus m'absenter.

Ils se trimbalèrent à longueur de journée sur le franc de mer à admirer le mouvement des vagues, qui suit la force changeante du vent, observent les bateaux qui rentrent au port ; un spectacle agrémenté par le vol plané des mouettes blanches qui s'apprêtent à plonger à chaque fois qu'elles repèrent un poisson sous les ondulations des

eaux. Un spectacle où les mouettes semblent se donner à un exercice d'exhibitionnisme.

Houria, a eu tout le temps nécessaire de se faire connaitre en racontant les péripéties de sa vie. Mourad, tout en appréciant la fiche signalétique de Houri, il fait travailler ses méninges pour trouver un lieu où il peut abriter sa campagne, aucun indice d'un gîte bien précis, il se rend compte que lorsqu'on fait travailler la cervelle le temps passe vite et la nuit vient au galop. Elle est déjà dix-sept heures; en réfléchissant au temps une idée effleure son esprit déjà fatigué. Hé bien ! Il demandera à son ami de chambre de lui laisser sa place en dormant avec ses copains ; mais comment doit-il faire pour introduire Houria à la citée universitaire sans soulever les soupçons des gardiens? Quelques idées lui effleurent l'esprit, dont il retient la plus radicale ; il doit offrir à Houria un pantalon, des baskets et son capuchon pour tromper la vigilance des gardiens ; comme il connaissait la naïveté de Mouh le veilleur de nuit; il sait pertinemment que le tour sera un succès.

Pour la réalisation de l'intrigue, Mourad dépensa les quelques sous qui lui restaient de sa modique bourse d'étudiant, Houria devient alors pour la circonstance et pour une nuit la résidente de la chambre numéro vingt-deux. Bien dans ses baskets, Houria rassurée pour le reste de la journée, mais inquiète pour la nuit ; une première à passer avec un jeune homme. En filant sa nouvelle tenue dans le magasin, elle éclata en sanglots devant Mourad. Ne

comprenant rien à ce qui lui arrive, le Tiaretien l'invite gentiment à nettoyer ses larmes et à ne plus pleurer, car tout ira pour le mieux, à la différence de ses relations avec les autres filles, où la sexualité n'est pas un tabou et dont les discussions finissent souvent par des aventures sans lendemain, avec Houria c'est la sensation d'être avec une sœur qui domine son esprit.

Hé oui ! Mourad pensait aussi à l'attitude la plus adaptée à avoir avec Houria; en étudiant avertit, il effaça de sa tête l'idée d'être avec une fille et abstraitement pour Mourad, Houria est un ami, elle passe désormais une nuit dans le camp des hommes. Le Tiaretien se demande vraiment s'il va réussir la pièce de théâtre, dont l'actrice principale n'est qu'une profane. Devant cette inquiétude exagérée, Mourad adopte le comportement d'un joueur de poker, qui au milieu de la partie se rend compte qu'il est en mauvaise position et il risque de perdre beaucoup d'argent, mais le goût du risque, lui impose d'aller jusqu'au bout du tunnel et finalement il tira son épingle du jeu et oui le risque c'est aussi un métier !

Ainsi, Mourad réussit son plan et Houria accède à la chambre n°22 du bloc C. Ouf ! S'écria Mourad on a réussi ; mais maintenant il va falloir te ramener le dîner, lui dit-il ! Je dois prendre ma gamelle et ramener deux rations. Il conseille aussi Houria de ne pas ouvrir la porte ; pour changer ses habilles il demande à Houria de lui donner de dos le temps de filer rapidement son survêtement. D'un air

pudique Houria s'exécuta en effectuant un angle de cent quatre- vingt degrés et ne se retourne qu'au moment où elle entend le claquement de la serrure qui s'ouvre, Mourad quitte la chambre, comme un sportif, à petite foulée, il rejoint le restaurant. En rentrant il fît signe de sa tête à son ami qui savoure son dessert, un flan au caramel bien englué. Mourad demande au cuisinier d'approcher et lui chuchota à l'oreille : « Il me faut deux rations, j'ai un invité. »Talguo connu pour sa générosité, d'un air complice remplit la gamelle et glissa dedans trois parts de viande, d'un clin d'œil il signifia à Mourad de retirer sa gamelle. Il s'exécuta sans attendre et passe prendre deux morceaux de pain. Il ira ensuite rejoindre Houria avec la sensation du devoir bien accomplie, Houria l'attendit en méditant à son sort ; une première nuit à passer avec un inconnu rencontré au hasard dans un boulevard, ça relève de l'absurde, mais quand le hasard vous choisit pour être cette proie de tous les dangers, il vaudrait mieux passer une nuit avec un étudiant de bonne éducation que de se retrouver dans un tunnel en compagnie d'un clochard. Là l'absurde se confond avec le miracle.

Deux tours de clefs, la porte s'ouvrit, Mourad lui tend la gamelle et se retourne pour fermer la porte, les deux compères s'en vont bon train pour une nuit entre amis. Ils dînent ensemble et à Houria de lâcher cette remarque assez troublante : « Tu sais Mourad, depuis le décès de ma mère, c'est la première fois que je mange un repas que je n'ai pas préparé. »

-Ha oui ! Rétorqua Mourad.

Houria s'arrêta de manger, ses yeux larmoyants, laisse glisser sur ses joues deux grosses larmes qu'elle essuya timidement du revers de la main. En une fraction de seconde, c'est toute une page de l'histoire de sa vie qui refait surface. Pour ne pas raviver la plaie, Mourad se résigna au silence, débarrasse la petite table et se mit rapidement au lit et demande gentiment à Houria d'éteindre la lumière et pour lui éviter tout désagrément, il lui lance : « Dors comme tu voudras et bonne nuit ! » Soulagée du comportement de Mourad, Houria se mit au lit sans se déshabiller et d'un sommeil profond, elle donnait à son corps un long moment de répit ; pour effacer les effets de la fatigue d'une journée harassante ; elle passe une nuit sans rêves; à la différence, le Tiarétien passe une nuit blanche à réfléchir à la suite des événements. Il sait pertinemment qu'il doit rapidement se décharger d'une encombrante compagnie.

Ainsi, un scénario lui traverse la tête, le matin il doit la présenter à son ami Ahmed étudiant lui aussi ; mais dans un institut des environ d'Alger, un lieu libre où la mixité est de mise et il n'ya pas de contrôle d'accès. Il pensait que Houria trouvera certainement une étudiante qui l'aidera à surmonter ses tracas, le matin, il fera part de son plan à Houria, qui d'ailleurs n'a pas d'autres choix que d'accepter, mais avec regret. De nombreuses questions lui traversèrent sa tête de fille errante

-Comment est ce type?

-Sera-t-il gentil comme Mourad?

- Me protégera-t-il?

Les réponses à ces questions viendront du terrain donc de la rencontre avec Ahmed. Mourad et Houria quittèrent la cité universitaire vers sept-heures du matin dilués dans une foule d'étudiants pressés de rejoindre le bus qui les attend à la sortie du campus. Mourad et sa compagne prennent leur petit-déjeuner au café « Marhaba », Mourad profite de l'occasion de la présence d'une cabine téléphonique sur les lieux pour contacter Ahmed, il lui parla du pétrin dans lequel il se trouve et s'excusa de l'avoir dérangé si tôt, il le supplia aussi de venir rapidement pour qu'il ne rate pas son cours de finances publiques. Par curiosité et pour rendre service à son ami, Ahmed répond favorablement aux doléances de Mourad, il se jette alors dans le premier taxi qu'il croisa sur sa route, un instant pour rejoindre Mourad et Houria au café « Marhaba. »

Pressé de quitter les lieux pour l'amphithéâtre, Mourad entame les présentations et demande à son ami de prendre soin de Houria. Cette dernière a compris qu'elle vient de changer de mains, sa situation ressemble à un navigateur sans boussole. Timidement, elle engageât la discussion avec Ahmed pour qui elle raconte la même histoire, avec le même rythme que celle racontée à

Mourad ; à la différence l'oratrice a senti qu'elle n'a pas devant elle un être sentimental, mais un névrosé, en écoutant Houria, Ahmed lui demande d'une manière abrupte d'oublier ses os et de s'apprêter à vivre sa vie; elle rougie aux propos d'Ahmed et se résigna à un moment de silence. En quittant les lieux, Ahmed évite de prendre un taxi et commence une ballade avec sa nouvelle amie à travers une ruelle mal fréquentée, assombrie par de nombreux arbres aux feuilles caduques ; durant la discussion, la peur aux tripes, Houria même profane en matière de relation se rendit compte qu'Ahmed essaye de la faire séduire avec des bobards qui ne font que la rendre réticente à ses propos.

Ainsi, sur un coup de têtes et sans dire mot, elle décida de rebrousser chemin et de s'en passer de l'aide d'Ahmed le roublard. Elle se lança alors dans une folle course pour retrouver le chemin qui l'amènera à la cité universitaire. Ce dernier reste son seul repère pour une autre destination et une autre aventure. Ahmed debout là comme hypnotiser, les yeux perplexes regarde Houria s'éloigner sans pouvoir l'interpeller ni la suivre pour la raisonner. Une fois la jeune fille disparait de son champ visuel, il sursaute et expira profondément comme un marathonien qui veut reprendre son souffle ; ouf ! Un souffle suivi d'un : « Tu n'es ni la première, ni la dernière ! » Il continue alors son bout de chemin, comme le renard qu'on prive de la poule volée il ira rejoindre son ami Marcello un congolais installé au pied d'un cèdre pour

partager avec lui une bouteille de vin. Ahmed considère l'affaire close et ne reparle plus jamais de Houria. Quant à cette dernière, dans sa folle course, elle jetait de temps à autres derrière elle des regards furtifs, pour s'assurer qu'elle n'est pas poursuivie. N'étant pas habituée à l'effort physique, Houria fût contrainte par ses fragiles jambes à faire une halte pour un repos forcé. Debout là, adossée à un poteau électrique en bois, elle observait les passants qui vaquaient à leurs habitudes quotidiennes, de cette marée humaine émerge tel un soleil défiant les nuages sombres d'un ciel d'automne un vieil homme pour s'intéresser à cette insolite personne qui donne l'impression de sortir du néant et dont le comportement diffère de celui des habitués des lieux. De loin, Slimane ressentait l'état anormal de la jeune fille, comme un animal blessé, elle émet un parfum de détresse, ce qui éveilla en Slimane cette sensation d'un grand-père, qui ne peut s'en passer d'aider une personne en difficulté ; il s'approcha alors de la jeune fille et lui lança gentiment :

-Bonjour ma fille !

-Toute tremblante et troublée, Houria met un laps de temps pour répondre :

-Bonjour Monsieur !

-Qu'est ce qui te préoccupe jeune fille ?

Toujours, la peur au ventre, comme pour éviter de perdre cette occasion, Houria sourit, puis réfléchit bien à ses propos, une attitude dictée par le comportement déplaisant d'Ahmed. La lueur éclatante de la barbe blanche de si Slimane redonne confiance à Houria, qui se prépare intérieurement de se séparer du poteau électrique pour se mettre debout là, souriante devant son interlocuteur, pour lui faire part partiellement de ses soucis.

-Hé bien ! Monsieur je cherche du travail !

-Alors, jeune fille, ne sois pas naïve, tu crois que c'est facile de donner un travail à un inconnu sans curriculum vitae ! Touchée par l'innocence que dégage le visage pâle de Houria, en remuant ses pensées de jeunesse, qui viennent lui rappeler les déboires de sa vie d'autrefois, Slimane se met à réciter intérieurement un poème qu'il a griffonné sur son cahier de souvenirs et que cette rencontre a rendue actuel .

« Pensées de jeunesse ou rêves d'autrefois. Reviennent, dans cet esprit bâillonné par des événements décriés tant de fois. Reviennent, dans cet esprit usé, ces énigmes effacées amèrement par le temps, dont les traces jalonnent le courant d'une vie blafarde. »

Ecoute ! Ma petite, moi je suis grand-père, mes cheveux gris sont la résultante d'une vie tumultueuse, qui fait que dès que je vois un visage, je devine à l'avance de

quoi il a besoin. Dis-moi la vérité, je ne veux que la vérité pour le reste ça va s'arranger n'ai pas peur, je suis ici pour t'aider. Ces paroles vont droit au cœur de Houria, qui éclate en sanglots et commence à déverser par grappe le récit de sa petite aventure. Appelle-moi grand-père! S'exclama si Slimane.

Houria qui a perdu depuis longtemps son aile protectrice qu'elle trouvait en son vrai grand-père ; regrette le fait que l'ultime acte de la vie soit la mort. Touchée profondément par cette dualité entre la vie et la mort, Houria s'insurge contre cet ordre qui fait que deux contraires s'accordent à s'unir le temps d'anéantir un être vivant. Quel déluge ! Sans être initié à la dialectique, par la force des événements Houria semble redouter le principe de l'unité des contraires qu'elle vient de découvrir au hasard d'un événement. Cette prise de conscience prématurée crée chez Houria une attitude qui la rapproche du vieil homme, entre autre Slimane. Comme si elle se disait : « Qu'il soit gentil ou méchant, qu'il soit juste ou injuste, je n'ai pas le choix, je dois m'adapter à tous les scénarios. »

Slimane en sage grand-père saisi au vol l'expression positive de l'angélique sourire de l'apprentie fugueuse ; sans hésitation, il lui tend la main qui la retire définitivement de l'angoisse de la rue. Doucement, rythmés à la force contrariée par l'âge de Slimane, ils se frayèrent parmi les denses flux de citadins des passages sinueux. Sinuosité, qui ne permet plus à Houria d'établir des repères

dans le cas d'un éventuel revers de situation. Durant le trajet, sans parler, Slimane semble être préoccupé par la manière d'éviter les bousculades des passants, afin d'arriver dans de bonnes conditions à destination. En citadin aguerrit, comme un passeur de frontières qui met toujours tous les atouts en sa faveur avant le départ, pour assurer une traversée sans embûches à ses clients ; il atteindra alors sa demeure avec Houria après deux heures ou plus de temps.

Chez les parents de Houria, les recherches ne se sont pas arrêtées, la famille soumise à la pression sociale et aux ouïs-dires tente vaille que vaille de diminuer l'impact souvent néfaste à leur honneur ; mais ce que la famille regrette le plus, c'est le fait que Houria soit orpheline de mère ; car aux yeux des gens, des amies et des voisins, cette fugue doit avoir des raisons de maltraitance.

En arrivant au pied du bâtiment où réside si Slimane, dans un quartier chic de la capitale ; Houria lève les yeux béatement ouverts pour apprécier la hauteur du bâtiment ; d'une architecture futuriste, l'infrastructure semble avoir les commodités possibles. Slimane invite Houria à prendre l'ascenseur, un engin qu'elle n'a jamais utilisé de sa vie. Inquiète Houria semble ne pas pouvoir chasser la frustration causée par le comportement d'Ahmed ; ébahie, devant ce genre de mécanique, elle regarde Slimane, qui appuie sur le bouton n°4, qui permettra à l'ascenseur d'annoncer la montée par le sifflement des poulies qui se

mettent à tourner. Un moment après, la machine s'arrêta, la porte s'ouvrit et les deux voyageurs sortirent de la cabine. Quel paradoxe ! L'un connait sa destination, l'autre marche en faisant travailler ses méninges de jeune fille pour improviser la fin du trajet. Houria suit Slimane dans un couloir d'une nette propreté, dont les murs marbrés brillent sous l'effet de la lumière. Houria s'attendait à faire d'autres connaissances avec les membres de la famille de Slimane à sa grande surprise, elle découvre à l'intérieur du logement n°6 un spectacle des plus insolite, aucune âme n'y vive, sauf une chatte de gouttière miaulant de faim à la vue de son maitre. Des portraits sans âme semblent souhaiter la bienvenue à l'invitée ; d'un tour de regard, elle découvre des amas de livres déposés en désordre, comme dans une bibliothèque où règne l'anarchie. Slimane préoccupé par sa chatte qu'il bichonna un moment, tout en lui offrant sa quantité journalière de lait. Comprenant bien le désarroi dans lequel se trouve Houria, il lui laisse le temps de réagir à l'étrange situation dans laquelle elle se trouve, il observe Houria qui tente de découvrir non sans frayeur les petits coins du logis, dans sa tournée, elle se confronta à une porte fermée à clefs, sans rechigner et pour satisfaire sa curiosité, elle demande à si Slimane d'ouvrir. Sans hésitation, en un tour de clef la porte s'ouvrit ; Houria effarée vient de découvrir la chambre à coucher de son grand-père occasionnel. Elle remarque que c'est la seule chambre où l'ordre est bien établi. Un lit d'une place, une table de chevet, des cadres, qui témoignent de l'attachement de

Slimane à sa famille et encore des livres posés sur une petite table en compagnie d'un chandelier portant deux bougies. Ces dernières sont l'outil indispensable pour la lecture des livres de chevet, cela aide à prolonger la somnolence. Au-dessus de la table, accroché au mur sous forme de tableau une citation en écriture grasse et qui se rapporte à André Malraux, à propos de la culture : « La culture...ce qui a fait de l'homme autre chose qu'un accident de l'univers. » Dans ce simple décor inhabituel pour Houria, la seule chose qui intrigue est le fait que Slimane qui paraissait grand-père est très sociable aux yeux de Houria et le trouve très jeune d'esprit. Comme esseulé et seul Dieu en connait les raisons.

A présent, l'homme ne se découvre pas, pensant probablement que c'est inutile de faire partager ses péripéties avec son invité, qui doit avoir assez de ses propres maux. Après ce tour d'horizon, Houria harassée déjà par le voyage se résigna à se reposer. Elle se fraya alors une place entre les livres sur le divan du salon. Slimane affairé dans la cuisine à préparer une omelette au fromage en continuant d'espérer une réaction de Houria qui semble s'y plaire dans son rôle de visiteuse des lieux. Il tire du tiroir une baguette de pain qu'il coupe en deux parties, pour faire deux sandwichs. L'opération cuisine terminée, il emporte ses deux sandwichs au salon pour les partager avec Houria. Un grand silence coupé par les miaulements rythmés de la chatte, suscite chez si Slimane de nombreuses questions.

-Que fait-elle ?

-Pourquoi ne réagit elle pas ?

-Qu'est ce qu'elle mijote dans sa tête ?

Quelle fût grande sa surprise, en la trouvant plongée dans un profond sommeil, entre des livres qu'elle n'a jamais lues et dont les auteurs à l'instar de Mauss, Marx, Mouloud Mammeri, Mohammed Dib, Kateb Yacine et autres donnent l'impression de veiller sur un ange. Quel beau spectacle ! Ne voulant pas perturbé le sommeil angélique de Houria, il se résigna à mettre ses sandwichs au frigo, comme par solidarité il perd involontairement l'appétit.

Dans ce sommeil profond et actif, Houria repasse en revue les événements qui l'ont fait voyager et découvrit dans son rêve que fuguer c'est s'affirmé, en d'autres termes exister ! La problématique de l'existence la ramène à l'amère réalité de la vie. En ouvrant béatement ses yeux, elle fixe Slimane d'un air interrogatif. Celui-ci absorbé par la lecture d'un fait divers, semble ne pas prêter attention au regard de Houria. Cette dernière se rendit compte que probablement Slimane a oublié même sa présence ; comme pour l'interpeller, elle s'étire de tout son corps en baillant de toutes ses forces, au point où Slimane sursauta de sa place et il lui lança : « Alors, tu t'es bien reposée ? » En guise d'une affirmation, elle hoche sa petite tête et l'effet des sucs digestifs sur son estomac vide l'oblige a demandé un morceau de pain. Slimane se sent alors, ramener à la

triste réalité de la faim. Il se précipite au frigo pour revenir avec les deux sandwichs, il lui tend sa part en accompagnant son geste par : « Mange ma petite !»Comme une affamée, elle prend son sandwich de deux mains et donne des coups de dents à la mesure de sa détresse viscérale. La façon de traiter son morceau donne l'illusion que cette fille ne mange pas, mais avale, ses bouchées de pain sont entrecoupées par moment par des gorgés d'eau fraîche, action qui facilite le mouvement des bouchées de pain dans son œsophage.

Quant à Slimane, au ralentit comme s'il dégustait un mets, il procède à l'anéantissement de son objet sans recourir aux gorgées d'eau. Sagement, il ne prononça pas un mot de peur de déranger Houria dans son élan de mastication rapide, elle est la première à terminer, croise ses bras et observe Slimane dans sa lente gesticulation à venir difficilement à bout de son morceau de pain. En observant Houria, il donne l'impression qu'il a comprie qu'elle n'a pas vraiment rempli ses tripes et il lui demande alors de retirer une boite de fromage du frigo et du pain frais du panier. Elle n'hésita pas une seconde à s'exécuter, mais cette fois-ci au lieu de rejoindre le salon, elle s'installa à la cuisine pour manger à sa guise. Ayant compris la stratégie, Slimane ne la dérange nullement jusqu'à ce qu'elle clôture l'opération « boustifaille ». Elle rejoint alors Slimane au salon et sans hésitation, elle lui raconte son rêve, Slimane l'écoute sans brancher ; sa dernière question fut : « Au fait c'est quoi l'existence? » Après un moment de silence, Slimane reste à se demander d'où à t'elle apprit à poser des questions d'ordre philosophique?

Le vieux Slimane, habitué à l'animation de table ronde autour des questions aussi délicates, oublie qu'il s'adresse à un esprit juvénile sans prédispositions à comprendre ses explications, il s'engage alors dans un lourd discours jusqu'à ce qu'il fût arrêter par Houria , qui lui lance après l'avoir écouté un bon moment :

-Vivre: « C'est en fait respiré et manger!» Naïvement, elle ramène Slimane à sa propre dimension. Lui qui s'est étalé dans une réflexion aussi absurde, par le fait qu'il ne ramène rien de nouveau à son interlocutrice et que la réponse est toute simple dans l'esprit de Houria. Même interpeller, Slimane s'entête à faire passer sa pilule en se disant qu'au fait il n'y a pas de mauvais élèves, mais il n'y a que de mauvais maitres. Comme pour se corriger ou changer de méthode d'approche, Slimane reprend son discours depuis le début pour démontrer que respirer et manger sont les conditions de la vie et non la vie. Vivre pour lui c'est existé, l'existence c'est la matérialité manifeste de la vie ; une matérialité qui s'appréhende par un ensemble de fonctions biologiques, morales, relationnel, social et économique. Avant de vivre, il faut naitre ; naitre comme une chrysalide sortant du néant personnifié, un néant qu'aucune âme qui vit n'a choisi pour venir au monde. Beaucoup d'êtres auraient choisi de naître sous

d'autres formes, pour seulement vivre, car vivre ne vaut pas la peine !

Pourquoi ça ne vaut pas la peine de vivre ?

Les réponses sont simples et variées ; tous ceux qui auraient pu choisir de ne pas naitre vous donneront des milliers de réponses.

- Vivre : C'est être témoins des arrivées et des départs forcés d'êtres vivants que nous aimons, que nous détestons et que nous oublions pour le reste de la vie, pour que nous les rejoignions ensuite sous l'œil vigilant d'autres témoins, qui attendront aussi leur fin.

-Vivre : C'est aussi être aussi un élément d'histoire comme une borne kilométrique qu'une voiture en folle allure laisse derrière sa trajectoire.

-Vivre : C'est accepté fatalement de vieillir pour ensuite partir sans choisir et sans organisation du voyage.

-Vivre : C'est voyagé sans déterminer la trajectoire et la durée du voyage et sa destination.

Dès fois, avec courage on fait des haltes à chaque station qui jalonne notre vie pour avoir une idée de ce que vaut notre existence. Heureux les gens qui ont beaucoup voyagé pour se rendre comptent que les œuvres des hommes sont toujours inachevées et ils se contentent loyalement des événements, dont ils portent les stigmates.

Malheureux, ceux qui courent sans relâche derrière l'idéal, ils se rendent compte amèrement que les étoiles s'éclipsent, ne reste au firmament que les fins nuages blancs, pour guider vers le néant le voyageur venu d'ailleurs. Dans les deux cas de figure, il faut avoir du courage, pour méditer impuissant le dépérissement de nos réalisations, de nos rêves, dont il ne reste que la lumière abstraite pour vous conduire au rivage sans tapage, mais souvent d'une manière sauvage. Slimane se rend compte que son discours a agi comme un somnifère sur la petite Houria, car son esprit n'arrivait pas à contenir le sens des mots d'un discours abstrait. Elle s'endormit alors, comme pour signifier à son interlocuteur que le sommeil est plus séduisant que son discours. Slimane hoche sa tête, en pensant à la déception qu'éprouverait un éminent professeur dispensant un cours magistral dans un amphi presque vide et où les présents se mettraient à bailler, comme pour se rebeller contre le contenu du cours. Il songeait aussi à la fertilité des mots, qui devient stérilité dès qu'elle est confrontée au monde de l'inculture. Une manière de se consoler et de se dire après tout, la vie est ainsi faite, de hauts et de bas, il faut savoir seulement lié l'utile à l'agréable. Ils passèrent le reste de la journée de façon morose. Chacun fait fonctionner ses neurones dans sa propre bulle. Houria réfléchissait sans arrêt à sa situation et reste sous l'emprise du choc du réel. Ce dernier qui la torture, la berce dans tous les sens pour la façonner tel un tailleur de pierre, maniant habilement son marteau et son

burin. Devant Slimane, elle apparait comme un élève sous l'influence de son maître; mais hélas ! Contre le maître on peut se rebeller, mais face à la dure réalité de la vie on doit s'adapter à tous les scénarios au risque de disparaitre.

Quant à Slimane, il se met à méditer sur le sort des jeunes instruits, qui évoluent dans un espace où l'inculture est maitresse des lieux ; ils se font passer souvent pour des imbéciles, par malentendu. Il se remémore alors Rivaldo qui écrivit : « Les idées sont des fonds qui ne portent intérêt qu'entre les mains du talent. » Comme les talents se font rares, il est peu probable que les idées de Slimane soient d'un intérêt quelconque. Pauvre Slimane ! Se dit'il impuissant. Devant l'inertie neuronale, les aiguilles de la montre semblent lourdes dans leurs mouvements ; l'attente du journal de vingt-heures fût extrêmement lente pour Slimane qui ne rate jamais les informations du jour. Soudain, une page de publicité se présente comme une invitation aux téléspectateurs à suivre un programme intéressant pour la soirée; ce qui retient l'intention de Slimane est l'émission « tout est possible » dont l'animateur si accrocheur mérite dans l'esprit de ses partisans une palme d'or pour ses prouesses verbales, ses gestes et pour sa manière algérienne de présenter les dossiers et mener les débats. Un sacré présentateur, qui fait renaître l'espoir dans le cœur des gens ; son talent force souvent les âmes sensibles à user de leurs mouchoirs pour chasser les chaudes larmes qui glissent involontairement en cloche sur les joues, sous l'effet des cas sous tendus par des causes

d'abondants, de misère, de violence et d'humiliation; surtout quand il s'agit d'enfants innocents qui sous d'autres cieux sont pris en charge et bien traités. Avec son équipe composée de psychologue, de sociologue, d'éducateurs ; dès fois à défaut de solutionner les problèmes, ils les rendent supportables et admissibles.

Après le journal de vingt heures, suivi d'une page de publicité, apparait le présentateur de l'émission et lança le programme à traiter. Slimane, les yeux rivés à l'écran, les oreilles bien ouvertes, comme s'il attendait un verdict qui tombera comme un couperet, sans le savoir, il le découvrira au fur et à mesure que le présentateur aborde les dossiers. Houria sans se soucier a pris déjà congé, son sommeil profond ne laisse transgresser que les renflements rythmés par de petites narines déformées par le dur polochon qu'elle endosse. Le traitement des dossiers est régulièrement coupé par des avis de recherches soutenues par des photos ; Slimane fût attentif à toutes les situations, comme un médecin attentif aux rythmes des pulsations du cœur du malade pour assurer un diagnostic fiable. Il fût absorbé par l'état lamentable des relations familiales traduites par les cas étudiés, relations qui sont la source primordiale des déboires que subissent les rebelles contre des situations souvent dramatiques ; Slimane semble rechercher derrière chaque photo, les vérités accompagnatrices des figures en détresse. Devant cette diversité picturale apparait tout d'un coup une photo qui ne le laisse pas indifférent, il retient son souffle et d'un

geste désabusé, il se met à dire : « Hé bien ! C'est elle ! C'est elle ! Quelle mioche ! » Il retient le numéro de téléphone affiché sur l'écran de télévision pour répondre à l'appel express des parents en détresse. Houria continue à renfler, elle ne se doute en aucun cas que ses parents puissent faire appel à la télévision dans leur recherche. Après un moment de réflexion, Slimane téléphone à l'antenne.

-Allo ! Allo ! Un silence de marbre sur le plateau, pour bien entendre la conversation téléphonique.

-Allo ! Oui ! Je vous écoute Monsieur !

- Allo ! Je téléphone au sujet du dossier numéro huit, au sujet de la jeune Houria. Elle est chez moi.

-Allo ! Oui ! Votre adresse s'il vous plait Monsieur !

-Je réside au boulevard des hommes oubliés !

-Alors, d'accord ! Nous remettrons votre adresse à sa famille, ses parents viendront la chercher demain.

-Ok ! A demain ! « Inch'allah »!

Slimane reste alors dans l'expectative, comment doit- il informé la fugueuse?

Houria fût retirée de son profond sommeil par le glouglou d'une bouteille de Pepsi-Cola qu'on verse dans des verres et qui matérialise un spot publicitaire, s'étire tout le

long de son corps, d'un air froissé, elle demande l'heure à Slimane.

-Elle est vingt-trois heures ma petite.

Elle se lève, va droit au frigo, débouche une bouteille de limonade, prend un verre, comme un égaré du désert, devant une source d'eau, il boit sans prendre en compte la qualité de l'eau. Elle jette un coup d'œil sur l'écran et se rend compte que sa star du jour est là à encourager les égarés, les fuyants à revenir chez eux ; à cet instant, Slimane laisse jaillir de ses tripes un soupir à faire réveiller les voisins. Soulagé, il laisse Houria regardé le reste de l'émission, en souhaitant intérieurement que le staff technique rediffuse des séquences [2]avant la clôture de l'émission. Un long silence règne entre les deux compagnons ; silence qui ne dure pas, car il sera brisé par des sanglots intenses de Houria, après avoir écouté l'histoire d'une fille de son âge, dont les faits racontés ressemblent à sa situation. Dans sa tête bouillonnante, un nombre varié de projets, le seul qui lui tient vraiment à cœur est celui qui lui permettra de retrouver les bancs de l'école; se faire un nom, car pour elle tout est possible. La pauvre ne savait pas, que ses parents sont sur ses trousses, ils sont déjà en route vers la capitale pour la récupérer. Slimane, pour éviter de choquer la jeune fugueuse, il lui pose le problème d'une manière indirecte en lui demandant qu'elle sera sa réaction si ses parents viennent la récupérer, d'un air désappointé elle lui répond : « Je les ai oubliés et

je ne veux en aucun cas revenir au village de mes souffrances, mon seul souhait est de rendre visite à ma défunte mère, mais ça ne sera qu'après avoir réussi ma vie. »

- C'est quoi la réussite pour toi ! S'exclama Slimane.

-Réussir ma vie, c'et être diplômée, être libre de mes choix, obtenir un boulot, se marier et avoir des enfants !

- Hé bien ! C'est génial ma petite, mais au fond de ses méninges, Slimane se demande de quelle manière, elle arrivera à mettre en exécution ce fabuleux projet. Un autre souci envahit Slimane, c'est comment doit-il se comporter face à la réaction de Houria devant ses parents ?

Doit-il annoncé à Houria l'arrivée imminente de ses parents ?

En philosophe averti, il tente de mettre en relief dans la discussion l'importance de la famille pour les enfants, une façon de la convaincre de saisir l'occasion de retrouver la chaleur familiale, mais la famille dont parle Slimane n'est pas celle que connait Houria; puis au fait Slimane ne croit plus à cette cellule familiale qui met en danger des enfants au point où ils prennent tous les risques, pour tenter de retrouver la voie vers la joie. En repassant en revue sa vie, il se rend compte qu'il a eu la chance d'avoir des parents responsables, la chance qu'il considère comme un ensemble de circonstances où toutes les conditions sont

réunies pour la réalisation d'un événement ; c'est ce concours de circonstances qui a manqué à Houria. Slimane se trouve dans l'obligation de lui annoncer l'arrivée de ses parents.

-Houria, tu as vu l'émission de télévision ; tes parents ont passé un avis de recherche et sans hésiter, j'ai transmis mon adresse et mon numéro de téléphone pour qu'ils viennent te chercher.

-Ha non ! S'exclama-t-elle ! Pourquoi tu ne m'as pas informé, elle enchaine je ne veux plus y retourner plus jamais!
Slimane se résigna au silence et laisse Houria exprimée son mécontentement, avant de lui demander quelle est la solution à ton cas ?

Houria en jeune fille à esprit rebelle, lui signifia que dès l'aube elle quittera les lieux, flâner, continuer son errance avec un espoir de tomber sur une vraie âme charitable. Intrigué par le comportement de la jeune fille Slimane se demande alors quoi faire face à cette situation incongrue , dans un discours intérieur Slimane se dit : « J'aurais du ne pas la ramener chez moi, mais c'est déjà fait, je ne regrette pas et maintenant je ne la laisse pas partir avant l'arrivée de ses parents, il décide alors de verrouiller la porte de sortie et il dort les yeux à moitié fermés, il reste éveiller toute la nuit pour surveiller ses gestes; à minuit, il fût réveillé par des cris

cauchemardesques de Houria, qui dans son rêve se voit kidnapper, Slimane la soulagea en lui offrant un Houria en jeune fille à esprit rebelle, lui signifia que dès l'aube elle quittera les lieux, flâner, continuer son errance avec un espoir de tomber sur une vraie âme charitable. Intriguer par le comportement de la jeune fille Slimane se demande alors quoi faire face à cette situation incongrue, dans un discours intérieur Slimane se dit : « J'aurais du ne pas la ramener chez moi, mais c'est déjà fait, je ne regrette pas et maintenant je ne la laisse pas partir avant l'arrivée de ses parents, il décide alors de verrouiller la porte de sortie et il dort les yeux à moitié fermés, il reste éveiller toute la nuit pour surveiller ses gestes ; à minuit, il fût réveillé des cris cauchemardesques de Houria, qui dans son rêve se voit kidnapper, Slimane la soulagea en lui conduisant aux urgences ; Slimane inquiet suit attentivement les gestes du médecin qui consulte la malade. Après une minutieuse auscultation, le médecin se tourne vers Slimane et lui dit : « Son état de santé nécessite une hospitalisation. »

-Qu'est ce qu'elle a au juste ? Rétorqua Slimane. Le médecin s'approche de Slimane pour lui apprendre qu'elle a eu une attaque cardiaque et qu'elle est en danger. - Pauvre fille cria Slimane !

Transférée au service de cardiologie via l'ascenseur, elle est vite prise en charge par l'équipe du docteur Ehcial. Comme des abeilles dans une ruche, chaque élément est chargé de réaliser une action, l'un s'affaire à prendre une

prise de sang l'autre effectue un électrocardiogramme, un autre prépare un traitement conforme aux directives du chef et un groupe de jeunes filles suit attentivement les gestes de leurs collègues, elles s'apparentent à des stagiaires. L'ensemble des actions sont effectuées sous l'œil attentif du Dr de garde en occurrence le Dr Ansins. En examinant l'électrocardiogramme ce dernier hocha sa tête en regardant la doctoresse Dadhgeb, une femme généraliste, qui a vite compris que la malade a échappé miraculeusement à une mort certaine. Sous l'effet des médicaments, Houria reprend ses facultés et au premier regard qui croisa celui de la doctoresse, comme par générosité et pour la remercier elle lui sourit. Etonnée, elle lui fait une remarque en lui disant : « Quoi ! Dans cet état et tu ris ! »

- Oui Doctoresse ! C'est une façon pour moi d'adoucir ma douleur.
Dans sa petite cervelle, Houria se dit : « Puisque j'ai surmonté tous les problèmes de la vie pourquoi je ne le ferais pas avec la maladie ! »

Slimane se résigne au silence, choqué parce qu'il lui arrive, suit l'ensemble des actions, comme un reporter qui ne veut rien rater d'un événement. Son visage envahi par la tristesse traduit l'aspect dramatique de la pièce qu'il vient de vivre. La sonnerie de son téléphone retenti, elle le retire de sa profonde concentration pour répondre à l'appel des parents de Houria, qui arrivent.

- Allo ! Bonjour !

-Bonjour Mr, c'est les parents de Houria!- Vous êtes où exactement ?
En une fraction de seconde Slimane doit prendre une décision, informé ou non les parents de Houria. Il se retire dans le couloir du service et décide de les informer, après tout c'est eux ses parents se dit-il

- Allo ! Je suis à l'hôpital, Houria va mal, prenez un taxi il vous amènera à destination.

- Ok ! On arrive.

Slimane se demande si vraiment ils sont arrivés au bon moment, ou feront-ils plus de mal que de bien ?

Hé bien ! L'inquiétude de Slimane se confirme quelques minutes plus tard, car dès que la famille arrive, sans rencontrer Slimane, ils se rendirent à la salle des malades. Houria allongée, dans ses oreilles un écouteur qui lui permet d'écouter une chanson sentimentale de feu K.M, dont les mélodies l'amène loin dans son évasion temporelle ; à la vue de ses parents qui franchissent la porte d'entrée, Houria sursaute plusieurs fois sur son lit pour rester ensuite raide avec des écumes de salive sur ses lèvres, ses parents appelèrent le médecin ; mais c'était déjà trop tard ; l'effet surprise a eu raison de Houria; son cœur l'abandonna, finirent les rêves, la souffrance et l'errance.

En sortant des Waters-closet, Slimane accoure vers la salle, stupéfiait de trouver les parents agités et tristes en présence du médecin qui leur confirma le décès instantané de Houria. Slimane ne daigne même pas faire connaissance des parents, car au fond de ses tripes il les vomissait, il pense qu'ils sont indignes d'avoir des enfants, ils sont insensibles. Il accoste le Dr en lui disant : « Dr ma mission est terminée », puis il quitte subitement l'hôpital en jurant de ne plus refaire une telle bêtise, ramener chez lui des personnes inconnues.

Le docteur explique aux parents que leur fille a eu son troisième A.V. C et dans ce cas ça ne pardonne pas ; la mort est inévitable. Ereintés par le voyage et assommés par la mort de Houria, les parents se sentent coupables d'une situation qu'ils n'ont pas pue contrôler, dans un silence glacial, qui traduit une douleur intense, ils quittèrent l'hôpital après avoir rempli les formalités de sortie de la défunte, qui les rejoindra via une ambulance une journée après. Arrivés chez eux, ils informent les voisins et la famille du décès de leur fille et programment l'enterrement à l'arrivée du corps, pour éviter de rassembler la famille le plus longtemps et les discussions inutiles, à son arrivée, comme si elle a prêté serment de se faire enterrer à côté de sa belle aimée ; la défunte fût enterrée à côté de sa mère.

Ainsi, les rêves de Houria s'estompent, finit les problèmes familiaux, finit l'errance à jamais.

Slimane, se met au travail et conférence après conférence, il mène une campagne de dénonciation et de sensibilisation autour des problèmes que vivent les enfants et les jeunes; avec ses amis artistes il monte un projet d'un film qu'il intitule : « Houria, une vie inachevée. » Film qui traduit l'infernale vie des enfants et des jeunes, la participation au montage d'une pléiade d'acteurs de renommée a permis à l'équipe d'être récompensée lors d'un festival du film. L'argent gagné a permis à Slimane et ses amis de créer une association nationale pour la protection de l'enfance et des jeunes. Association qui a connu un succès extraordinaire, car la politique de sensibilisation prônée par les membres de l'association ne tarda pas à donner ses fruits et tous les moyens de communication sont utilisés pour faire de la sensibilisation un fer de lance. Les résultats ne tardèrent pas à venir, car les pouvoirs publics ont pris le taureau par les cornes en procédant à la construction dans chaque région du pays un centre pour la prise en charge des cas de maltraitance. Slimane toujours combatif, se réjouit d'avoir été l'instigateur de cette lutte pour l'amélioration du genre de vie des jeunes et des enfants et affiche la sérénité du devoir bien accomplie.

Quant à la famille des Khorothos, depuis le décès de leur fille, ils mènent une vie d'enfer, c'est tout le village qui a pris l'affaire en main, sous l'égide du chef du village une décision de punir la famille pour maltraitance de ses enfants a été prise à l'unanimité par le comité du village. La décision stipule la marginalisation de la famille ; désormais personne n'a le droit de leur adresser la parole, la famille est exclue de la communauté villageoise. Cette solitude communautaire à eut un effet ravageur sur la famille des « khorothos », Sara et son mari se disputent tout le temps et chacun essaye de porter la responsabilité de la situation pour l'autre, ne pouvant plus supporter cet état de marginalisation ils décident de mettre leur maison en vente et tentent de changer de région, la demeure fût vendue à un prix dérisoire, un prix qui exprime l'empressement des « Khrothos » à quitter les lieux, ils se sentent vraiment comme les bannis « d'athlahwa », intérieurement la famille est marquée à jamais, car la responsabilité de la fugue de Houria les tortures pour le reste de leur vie, surtout Sara qui a vraiment peur pour qu'une situation pareille puisse se reproduire pour l'un de ses enfants, avec le temps ils essayent d'oublier, mais l'ombre de Houria ne les quitte jamais, ils s'installent en ville grâce à une location dans un immeuble, une citée dense où il y en a beaucoup de problèmes de voisinage. Avec le temps, Hamid le mari tombe malade, asthme et tension artérielle, il a fini sa vie avec des médicaments et un jour sous l'effet d'une intense nervosité il consomme une boite de psychotropes qui le conduit systématiquement au cimetière, il fût enterré sans la présence des gens de son village natal, il part en silence comme un inconnu, quant à sa femme, ne contrôlant plus ses enfants, ils quittent les bancs d'école et avec de mauvaises fréquentations ils finirent avec le temps par se retrouver en prison. Sara leur mère, se retrouve seule à gérer des problèmes auxquels elle n'est pas prête, faute de moyens elle se retrouve dans une maison de vieillesse où elle termine ses jours, triste fin pour une famille disqualifiée par la justice efficace d'une société régie par un règlement sans merci pour les brebis galeuses.

Slimane, continue à rendre hommage à la défunte en prenant une décision de fuguer, à la différence de celle de Houria il ne quittera pas les lieux, car sa fugue sera matérialisée par l'écriture, des mots justes et précis qui lui permettront de partir sans partir, se rebeller sans heurts, remettre en cause une situation amère qui finit toujours par des victimes. Il passe alors et chaque jour de longs moments sur sa table à écrire, écrire, écrire, des feuilles blanches sont noircies chaque jour. Il écrit, mais ne lit jamais ce qu'il écrit jusqu'au point final, après des mois d'écriture il décide de lire ce qu'il a écrit. Là aussi la lecture prend du temps, car elle est lente et de cette lecture jaillit une rébellion intense , des mots qui définissent la fugue comme étant une aspiration à la liberté, une lutte acharnée contre le népotisme de l'homme ; elle le fait réfléchir, elle le torture, car elle le démasque. La fugue est multiforme, avec plusieurs facettes, elle est solitaire, collective, nationale, transnationale, intériorisée, extériorisée et chaque variété répond judicieusement à une situation bien précise d'une défaillance relationnelle entre membre d'une famille entre gouvernants et citoyens, entre

société et ses membres. C'est toutes ces formes de fugues que Slimane détaille dans ce qui suit :

« Si le génie ne doit pas se laisser accabler par le malheur, la renommée, quelque grande qu'elle soit, ne doit pas encourager la présomption. »

Jonathan Swift (les voyages de Gulliver.)

La fugue en solitaire.

Le cas de Houria s'en est un, cela arrive souvent quand l'être humain n'arrive plus à supporter le décalage comportemental avec sa famille, pour éviter toute confrontation à laquelle il n'est pas préparé ou lorsqu'il qu'il sent que sa cause est perdue d'avance, par esprit masochiste, il voudrait faire souffrir ses détracteurs et tente de se libérer comme un fauve pris dans un filet, il met en exécution alors un plan qu'il élabore minutieusement et souvent sans donner aucune information à ce sujet ; une manière de créer la zizanie chez ses proches et surtout chez les gens qui le dominent ou le traumatisent, car en fait la fugue est aussi une expression d'un traumatisme latent, qui se manifeste quand l'esprit et le corps n'arrivent plus à supporter les sévices infligés. Dans un silence parfait le fugueur ou la fugueuse s'en va sans laisser de traces, généralement il(elle) évite les lieux où les recherches une fois déclenchées aboutissent rapidement, car plus ça dure, plus il (elle) se réjouit d'avoir infligé une correction aux gens qui l'ont nuient avec une sensation d'avoir partagé ses peines avec eux. La douleur est alors le moteur incontestable qui anime l'action de celui ou celle qui fugue. L'être fugueur est souvent stoïque, il ne révèle jamais ses tracas, il agit en solitaire et ne conçoit pas généralement les conséquences néfastes de son action, c'est quelqu'un qui prend des risques qu'il

n'évalue pas. Il se sent aussi mal compris, il se met dans une bulle que seuls les psychologues chevronnés peuvent appréhender. Dans sa fugue, il recherche la liberté d'agir, essaye de matérialiser son existence, de donner un sens à la vie, il est souvent méfiant, car il ne voudrait pas revenir de si tôt, il veut errer, flâner faire de l'aventure à ses risques et périls. Un aventurier malgré lui, souvent sans destination, comme un navigateur sans boussole, il essaye d'établir des repères pour se situer dans un nouvel environnement auquel il essaye de s'adapter, il est aussi méfiant de tout ce qui bouge, même de son ombre. En fait c'est un être qui se cherche, car on lui a imposé un mode de vie qui n'est pas le sien, on a mutilé son existence de l'essentiel, de la sensibilité, de la douceur, de la joie, en un mot on l'a privé d'amour, cette mutilation variée fait naître en lui l'idée de ne rien à perdre et des caractéristiques qui ne lui appartiennent pas, mais qu'il utilise pour asseoir sa personnalité en quelque sorte il les utilise comme garde- fou. De ces caractéristiques on peut retenir la haine de l'autre, la suspicion, le mensonge, l'ambivalence, la peur et la violence quand il se sent capable. Le pauvre est privé de ce qu'il est, pour devenir ce qu'il n'est pas, c'est ce qu'on appelle l'anéantissement de la personnalité. Dans cette évolution mystifiée, l'être fugueur reste une proie facile, car la tentation lui tient compagnie, au moment

le plus bas de son mental il peut s'apparenter à un diable pour réaliser l'irréalisable ; la personne fugueuse n'est en fait que le produit d'une société en panne de règles comportementales, une société acculturée; elle n'est que le reflet d'une société castrée et dont la castration relève de l'histoire, une société qui n'arrive pas à produire des lois et à veiller à leur application pour protéger ses jeunes, bref ses citoyens, est une société vouée à l'échec et la fugue est l'illustration parfaite de cet échec.

« Le peu qui reste de politique se débâtera péniblement dans les étreintes de l'animalité générale et que les gouvernants seront forcés, pour se maintenir et pour créer un fantôme d'ordre, de recourir à des moyens qui feraient frissonner notre humanité actuelle, pourtant si endurcie ? »

Charles Baudelaire

Le monde qui vient (blog de la revue Krisis.com)

La fugue collective

Là ! C'est vraiment le drame, car ce genre de fugue est un indicateur d'une situation catastrophique, guerre, pauvreté, génocide, mauvaise gouvernance ; dans tous les espaces touchés par ces terribles drames, l'instinct grégaire se manifeste chez l'humain, pour tenter dans un élan collectif de survivre, instinctivement des groupes s'organisent en adéquation avec leur situation pour prendre leur destinée en main et essayer de sauver ce qui leur reste : leurs vies ! Quand l'être humain est soumis à cette sensation atroce, que la seule alternative qui lui reste pour sauver sa vie est de prendre la route, la mer, sans moyens, sans boussole, alors la vie devient calvaire. Pour lui, il n'a vraiment rien à perdre, il se sent atrocement mutilé de tous les supports de l'existence. Cet état de mutilation l'encourage à défier terre, mer, frontières, dans l'espoir de trouver un havre de paix ; mais dans cette traversée vers le néant, les êtres humains ressemblent à cette procession des gnous, où seuls les plus forts arrivent à destination, les autres deviennent des proies faciles aux carnassiers qu'ils croisent, aux courants des eaux qui les emportent, aux maladies qui les déciment ; c'est le drame dans le drame, mais pour ces mutilés de l'histoire tous les risques sont enfouis dans l'inconscient, pour réapparaitre au moment où surgit le drame.

Des situations, qui contrastent avec le progrès humain, qui a fait du monde un village planétaire, mais dont les richesses sont concentrées entre les mains des

puissants. Un progrès mal partagé qui laisse beaucoup de pays sur la marge du développement et qui sont devenus des objets d'étude pour des chercheurs qui aspirent au prix Nobel, ou à une autre distinction intellectuelle proposée par ces nantis, dans le but d'encourager ces penseurs à les éclairer sur les situations des pays, ou à leur donner les moyens techniques à travers de nombreux modèles, pour qu'ils puissent asseoir d'une manière efficace leur domination, posture qui a fait regretter au père de la relativité d'être un savant. Triste situation où la mondialisation a atteint une évolution hors du commun pour se transformer en anarchie mondiale ; c'est dans cette anarchie que prend forme la fugue collective, une fugue non conforme aux aspirations des pays nantis, car elle ne répond pas à leurs aspirations, contrairement à l'émigration classique encouragée pour répondre aux besoins du capital. Ce dernier est finalement la source de déstructuration des pays pauvres par une colonisation faite virtuellement au nom du progrès ; qui a fini par produire les pires endémies du sous-développement. Ces dernières sont matérialisées par des phénomènes catastrophiques tels : la faim, les maladies ravageuses, l'exploitation anarchique des ressources naturelles, la mauvaise gouvernance qui découle d'une gestion léguée à la bourgeoisie compradore par les anciens occupants, pour assurer la continuité d'une colonisation qui passe d'un mode actif à un mode passif ; car la nouvelle domination s'effectue via des représentants nationaux, qui s'érigent en despotes, encouragés par les

puissants du monde pour qu'ils puissent continuer à servir le capital et à sévir de bourreaux pour leurs peuples en cas de prise de conscience. Cette dernière est bafouée par des systèmes éducatifs au rabais, par l'acculturation et par la répression directe des zones de troubles ; alors qu'ils procèdent au transfert des richesses à moindre coût et font de leurs espaces économiques des lieux d'implantation des activités non rentables sous d'autres cieux ou touchées par l'obsolescence grâce à l'effet du progrès technique; d'autres espaces sont utilisés comme poubelles aux industries des puissants en défiant toutes les règles environnementales ; le transfert des capitaux grâce à des activités commerciales douteuses, ou via des comptes off-shore, qui sont des indicateurs de l'intense corruption qu'usent les multinationales pour enrôler d'une manière continue les nouveaux adeptes de la mauvaise gouvernance. Une gouvernance sans peuple où tout est mystifié et qui répond d'une manière judicieuse aux propositions des maîtres du monde ; qui se sont érigés en groupe des huit, pour mieux partager leurs zones d'influence et veiller à la spoliation du gâteau planétaire grâce à leurs zones d'intervention.

Dans cette atmosphère de domination, toute prise de conscience ou toute tentative de remise en cause des décisions prises est suivie d'une belligérance atroce, dont l'illustration parfaite est « le printemps arabe ». Oh ! Quelle belle allégorie, un printemps dont les fleurs sont des bombes et leur nectar du sang à outrance, quelle belle leçon

de botanique et quels beaux jardins que nous proposent ces nantis sans foi ni lois et tout cela pour satisfaire leurs bas instincts de prédateurs, contrairement à ces prédateurs humains, les animaux ne chassent que quand ils ont faim ; c'est la noblesse au naturel.
La justification de cet état des lieux est la tentative de substitution de gouvernants jugés inadaptés ou qui ne croient pas aux bienfaits d'une mondialisation, qui remettrait en cause leurs intérêts. En fait les vrais perdants de cet égocentrisme exagéré sont les peuples trahis et qui continuent à payer la rançon de l'histoire. L'une des atroces facette de cette rançon est illustrée par ces fugues collectives engendrées par ces pseudo printemps agrémentés par des groupuscules sanguinaires crées sur mesure pour semer le désordre planétaire et justifiés l'intervention des semeurs du désespoir à venir essayer l'efficacité de leur arsenal militaire. On dirait que l'histoire se répète, car tous les malheurs que subissent les pays sous-développés ont pour support « diffusion de progrès » pour justifier la colonisation et récemment « Démocratie» pour asseoir le nouvel ordre mondial. Plaidoyer pour une démocratie dans le seul but est d'enlever du jardin les épines pour les remplacer par des fleurs inermes fait de l'ensemble des actions entreprises un moyen de prendre en otage des peuples innocents, qui deviennent des sources intarissables de fugues collectives, dont les conséquences les plus atroces sont ces humains devenus des naufragés, que les pays occidentaux tentent dès

fois de sauver, rien que pour alimenter les débats sur les plateaux de télévision ou pour alimenter les éditoriaux de la presse au service des puissants. Le reste est laissé aux caprices du temps ou de la météorologie, qui en période de grandes perturbations offre aux poissons de la barbaque humaine, car souvent détériorée avant consommation et de toutes les couleurs, comme pour exprimer fatalement l'absence de racisme devant la mort.

L'image la plus édifiante de cette terrible bêtise humaine est celle de l'enfant syrien trouvé mort le trois septembre 2016 sur une plage de Turquie et dont la photo prise par un professionnel a fait la une des journaux de la planète et qui a fait verser des larmes à certains maîtres du monde, comme s'ils regrettaient leur abominable politique d'ingérence et de confirmer devant l'histoire leurs statuts de coupables. En considérant le tapage médiatique qu'a suscité cet événement malheureux, on s'attendait à un changement de cap de la politique internationale des pays dominants, mais rien de cela, sauf quelques colmatages en matière d'accueil des réfugiés qui déferlent de toutes les frontières d'Europe et qui alimentent les débats d'une classe politique en panne de programmes édifiants pour leurs militants. Des réfugiés devenus des sujets de débats dans les cirques des assemblées nationales pour déterminer les quotas à accueillir, comme si on avait affaire à des troupeaux de moutons à répartir, selon la demande du marché, quel beau spectacle pour des pays qui se mettent toujours devant la scène pour proclamer haut et fort les

bienfaits de leurs civilisations et qui font passer sous silence le fait que l'ensemble des prouesses de leurs créations sont basées sur le fameux zéro que les arabes ont adopté pour le propager jusqu'au Proche Orient; où les Européens le découvrent au Xe siècle pour l'adopter. Nier ce socle des civilisations de l'homme, pour prétendre être les seuls maîtres du monde dans tous les domaines ; c'est se présenté en imposteur devant l'histoire ; dans ce cadre et pour paraphraser Pierre Rossis qui écrit, comme pour se révolter contre les faux préjugés de l'occident dans son ouvrage « LA CITE D'ISIS » au sujet des arabes et qui me semble applicable à toutes les civilisations de la planète: « Quant à l'univers des arabes et il s'agit bien d'un univers nous en avons ramené les frontières à deux ou trois arpents de désert infécond où flotteraient quelques résidus de mythes. Nous l'avons rabaissé, caricaturé, presque entièrement enterré. Or le voici qui remonte à la réalité de la vie. Il est temps de nous apercevoir que si notre occident est plaisant, riche, beau, encore ordonné, il le doit aux grands empires arabes qui ont créé les conditions d'un tel bonheur. Nous sommes semblables à ce coquelicot d'Omar Al Khayyam qui puisait sa pourpre au sang d'un empereur enseveli. »

La peur suscitée par ces vagues de migrants aux puissances occidentales traduit leur incapacité de se détacher de leur passion de chercher dans la faiblesse des autres la force de leur existence, sinon comment expliqué que des puissances qui baignent dans l'opulence craignent

des survivants aux mains nues qui viennent leur demander secours ? Hélas ! Leur puissance devient un leurre devant une situation découlant de leur génie de déstabilisation de pays qui remettent en cause leurs aspirations et ils se trouvent désarmé pour ne pas dire ridicules devant des gens qui tirent leur force de leur foi ou de leur désespoir. Une belle leçon d'humilité, qui démontre que la force chez l'homme n'est pas l'arsenal militaire, mais sa force à puiser même du néant l'espoir de vivre.

L'autre drame, qui est source de fugue collective est la faim, cette dernière touche dramatiquement les pays du sahel où les populations se trouvent dans l'obligation de fuguer en masse dans l'espoir de survivre, les circonstances ont voulu que ça soit un reporter qui doit illustrer la tragédie par une photo qui a fait le tour du monde et qui représente un vautour qui attend un enfant de mourir de faim au sud du Soudan pour le dévorer, une scène des plus poignantes qui s'est déroulée le premier Mars 1993. 1993-2016 comme si l'histoire se répète un autre enfant succombe à des drames que les adultes ont créés, rejeté par la mer, dont l'image atroce est rendue éternelle par un reporter. La question de la pauvreté et de son expression la faim soulève une question pertinente: Qui est le coupable de cette situation ?

Beaucoup de gens se cachent derrière les facteurs climatiques, et plus principalement la sécheresse et la fragilité des sols, mais ils ne vous dirons jamais quel est le

processus historique qui a fait de ces pays ce qu'ils sont aujourd'hui, en fait ces pays et à travers l'histoire ils n'ont jamais été maître de leur destin, le phénomène de la colonisation a fait d'eux et de point de vue agricole des pays de mono cultures, spécialisés dans la culture de l'arachide et du coton, deux principales cultures dont l'impact a donné la nature des sols d'aujourd'hui, absence de minéraux à cause de l'intense exploitation, perte de la fertilité accentuée par un climat désertique , ces cultures qui répondaient beaucoup plus aux besoins de l'industrie européenne en matière première, avec une main-d'œuvre bon marché, le capital trouve un climat propice pour asseoir ses assises, l'activité agricole est tournée dans son intégralité vers l'extérieur.

Quant aux peuples, ils sont réduits à une vie de subsistance alors que les rois des industries amassent des profits qu'ils réinvestissent outre-mer, cette situation crée un désordre social qui tourne souvent à des confrontations ethniques à cause d'une source d'eau, d'un troupeau de moutons ou d'une parcelle de terre jugée fertile, ou restée en jachère pour un usage comme parcours. Les activités minières quand elles existent sont soumises aussi à une exploitation intense et toujours tournées vers l'extérieur, c'est dans cet état délabré des économies suivie d'une déstructuration socialen, que s'installe la misère sociale base fondamentale de la motivation à la fuite des lieux, les populations prennent malgré eux les chemins de l'errance pour assurer leur survie, là! La situation est dramatique,

car c'est un désert à traverser pour atteindre les espaces de prédilection que sont les pays du Maghreb, dans leur voyage vers le néant combien de vies humaines disparaissent sous l'effet de maladie, de soif ou attaquées par des bandes de trafiquants ou de rebelles croisées sur leurs chemins, les plus fragiles les femmes et les enfants forment généralement le plus gros lot des disparus.

Quant aux gouvernants, souvent despotiques, ils reprirent le flambeau du colonisateur, pour continuer à le servir indirectement, tout en veillant beaucoup plus à s'enrichir en spoliant les biens des peuples, pour offrir à leurs enfants une vie de pacha dans les pays occidentaux, certains poussent leurs études au plus haut niveau d'autres investissent pour fructifier leurs avoirs mal acquis et servir après de fonds pour soutenir les adeptes du néo-colonialisme cher à leurs parents, mais ruineux pour les peuples. Les pays occidentaux, continuent via leurs relais à mettre mains basses sur les richesses du continent, exploitent ces mouvements de population pour alimenter des chroniques et meubler des plateaux de télévision qui offrent souvent le temps d'un débat à de nombreux intellectuels tarés de trouver des explications aux fléaux que leurs gouvernants ont engendrés, dès fois des intellectuels d'origine africaine sont conviés pour ne plus être inviter par la suite à cause de leurs analyses réalistes, qui remettent en cause tout le système du colonialisme et du néo-colonialisme appliqué par l'occident.

Rendons hommage, à beaucoup d'intellectuels occidentaux, qui par esprit d'objectivité dressent souvent des tableaux peux reluisants des actions de leurs gouvernants, des hommes politiques, souvent de gauche tentent de mettre à nu les dessous des compromis qu'établissent leurs gouvernants avec des despotes pour des intérêts souvent inavoués et parmi les présidents que Monsieur J.Chirac trouve ici l'un des plus grands hommages pour avoir reconnu devant le monde entier que le temps est venu de reconnaitre que les empires occidentaux ont été bâti sur l'exploitation des richesses de l'Afrique ; pour protéger leurs serviteurs et prolonger leur domination, ces pays interviennent souvent et militairement dans des espaces où des rebelles ont pris conscience de la cause de la situation de leurs pays et qui menacent les intérêts souvent inavoués des capitales européennes.

Les subterfuges de la mondialisation et de la démocratie sont souvent les apanages d'un nouvel impérialisme piloté par la diaspora du « groupe des huit », qui fait et défait des gouvernants, selon ses intérêts. On à beau mettre en relief les atouts de la démocratie et de la mondialisation, mais une fois confrontées aux dures réalités du terrain, on se rend compte de la dérive de cette approche machiavélique de ses promoteurs, dont les résultats ont tendance à mettre en périls l'ensemble de la planète. Un désordre mondial où aucun pays n'est épargné est la conséquence d'un comportement égoïste des maîtres du monde, dont le comportement met en relief l'adage,

selon lequel : « Après moi plutôt après nous c'est le déluge ».

Les foules de populations composées d'hommes, de femmes et d'enfants décidaient à réussir leur fugue, se retrouvent après une marche de milliers de kilomètres dans des conditions les plus drastiques, dans les zones nord des pays du Maghreb, ces derniers ne disposant pas de moyens pour les prendre convenablement en charge, ils leur offrent au moins un semblant de sécurité en les abritant dans des chalets, durant la journée on les croise dans des stations d'essence ou aux carrefours de grands boulevards, devant les mosquées à partager ces espaces avec les refugiés syriens à mendier pour assurer leur survie. Certains décidés à ne pas arrêter leur fugue dans ces pays, utilisent ces derniers comme des zones de transit vers le littorale des pays d'Europe, dès fois ils se retrouvent en compagnie des enfants des pays d'accueil à partager les frais de location de zodiaques et ceux des guides pour arriver à destination, en bravant les conditions souvent mortelles de la navigation sans boussole. Cette activité pratiquée par la contrebande reste florissante, sachant que chaque candidat à la « Hargua », terme usité localement pour signifier le voyage dangereux souvent risqué et non autorisé, doit débourser environ cent mille dinars ou plus. Le comble dans tout ça, souvent ils dépensent de l'argent juste pour servir de nourriture pour les poissons en haute mer. Les pays du Maghreb touchés eux aussi par la crise de la chute des prix des barils du pétrole pour certains, de la crise du secteur du

tourisme pour d'autres pour cause d'insécurité, restent des pourvoyeurs de beaucoup de candidats à la recherche de l'eldorado à cause des conditions de vie dégradées, du manque de liberté et des inégalités sociales criardes, la naissance irrégulière d'une nouvelle bourgeoisie sans base économique dans des laps de temps records fait naitre chez la majorité de la population ce sentiment d'amertume et de trahison d'une nomenklatura qui ne doit son existence qu'à la rente pétrolière ou à l'activité touristique, d'ailleurs le seul éternuement des bourses pétrolières crée dans ces pays une épidémie de grippe. Ces pays sont eux aussi victime de la politique d'un commerce international, basée sur la mono-exportation, le cas de l'Algérie est le plus édifiant, car après plus d'un demi-siècle depuis l'indépendance, tout les gouvernements successifs n'ont pas pu réussir à diversifier l'économie algérienne et a fructifié la rente pétrolière qui est utilisée dans la plupart des cas à la création d'une bourgeoisie beaucoup plus parasitaire que créative de richesse. Leurs situations en tant qu'anciennes colonies et la faible dynamique de leurs économies font de ces pays des maillons faibles d'une économie mondiale, où les rapports de force jouent en leurs défaveurs, ces situations sont rendues très aigües par la mauvaise gouvernance et où l'alternance au pouvoir n'est qu'un leurre, cette stagnation politique crée dans la plupart des cas des castes de gestionnaires privilégiées qui sont permutées à la tête des structures de l'Etat, pour donner un semblant de changement par nécessité, ce changement

s'inscrit le plus souvent dans la continuité de grands principes de gestion de la rente, usitée dans la plupart des cas à assurer la paix sociale qui permettra aux systèmes dominants de se perpétuer le plus longtemps possible. Les divers conflits sociaux qui éclatent tout azimute, les grands dossiers de corruption qui font la une des journaux à longueur d'année sont des indicateurs, d'une mauvaise gestion et de la nature de la situation précaire de leurs économies. Ces différents problèmes, font de l'ensemble des pays africains des nids de perpétuels candidats à la fugue collective, malgré les actions dissuasives engagées par les responsables de ces pays et les mauvaises conditions d'accueil en Europe, sans oublier les conditions dangereuses de la traversée de la méditerranée sur des embarcations de fortune. Ces candidats qui pensent qu'ils n'ont rien à perdre ne regardent jamais derrière eux pour tenter de s'agripper à un stigmate d'espoir qu'ils jugent inexistant. L'expression ultime de ce désespoir est illustrée par des suicides par immolation par feu en utilisant de l'essence. Ce genre de suicide devenu à la mode depuis le suicide du jeune Bouazizi en Tunisie, dont l'acte a suscité un grand bouleversement dans la société tunisienne.

Dans ce mouvement de fugue, une histoire vécue par un ami qui a tenté la traversée vers l'Espagne via le Maroc mérite d'être racontée.

Abdallah, père de famille bricoleur en électronique gagnait sa vie au quotidien dans son quartier en réparant

des postes radios et des postes de télévision, avec l'avènement de la parabole il s'offre l'installation de l'ensemble des paraboles de son quartier et de celles de ses amis. Il gagne alors assez d'argent pour faire des économies. Avec la propagande par oui dire de la réussite des gens qui ont atteint l'Espagne, conforté par le retour de certains avec des commodités de vie jugées comme un privilège (voiture, fringues de qualité, possibilité de construire un habitat avec les euros gagnés à la force des bras....), Abdallah comme tous les gens qui souhaitent améliorer leur genre de vie est tenté par ce voyage qu'il juge comme une opportunité de réussite. Il rentre alors en contact avec le réseau spécialisé dans l'organisation clandestine de la traversée, il règle partiellement les frais du voyage qui lui coute globalement plus de la moitié de ses économies et attend le jour « j » pour partir. Le voyage s'est déroulé de nuit jusqu'aux frontières où ils changent de guide, ce dernier leur fait traverser la frontière en plein nuit, à travers les sentiers qu'empruntent les contrebandiers pour l'acheminement frauduleux des marchandises. Au Maroc, plus précisément à Nador, ils se séparent pour ne pas se faire repérer en se fixant un rendez- vous où ils doivent se rencontrer à nouveau pour une autre aventure nocturne, la nuit venue, la rencontre a eu lieu et un autre guide se charge de les conduire entre monts et forêts, sans lumière vers la ville espagnole de Melilla. Les frais du voyage sont payés par étape, la dure réalité du voyage leur fait perdre beaucoup d'énergie, des

kilomètres de route à faire en pleine nuit, les haltes sont programmées à l'avance et la cadence de la marche se fait selon la distance qui sépare les haltes, arrivés à Melilla avant le lever du soleil, une ville qui attend un nouveau jour, ils se séparent alors une dernière fois avec les conseils du guide, qui leur fait savoir qu'ils ne doivent pas se faire repérer, sinon c'est le cachot qui les attend. Exténuer, chacun d'eux doit faire preuve de vigilance, les quelques euros en poche doivent être dépensés d'une manière rationnelle pour éviter tout impondérable. L'absence d'Abdallah se fait ressentir chez lui où ses clients se demandent par où il est passé, moi-même j'étais intrigué par cette absence car ce n'est pas de ses habitudes de quitter les lieux pour une longue durée, mais personne n'a pensé qu'Abdallah tentera cette aventure périlleuse, plus de trois mois d'absence et voilà Abdallah qui réapparait au grand jour chez lui, en le croisant dans la baraque qui lui sert de lieu de travail, il me réserve un scoop en me racontant les péripéties de son voyage, et plus particulièrement comment ils se sont fait prendre comme des voleurs la main dans le sac.

A Melilla chacun se débrouille comme il peut et le passage vers l'autre rive est soumis à la réussite d'un obstacle de barbelé, électrifié pour dissuader toute tentative d'un passage frauduleux. Plusieurs jours de vie clandestine, irritent les fugueurs, dont certains se sont fait déjà arrêter par la police des frontières à cause de leurs comportements douteux, ils vendent la mèche, sous l'effet d'un interrogatoire vicieux mené par des professionnels chevronnés. Abdallah m'avoue qu'après avoir dépensé son argent il fût obligé, de dormir dans les gares ou dans les stations de taxi comme un vagabond ; il rend hommage aussi à « Hadj Lakhdar » qui l'a fait nourrir pendant les journées de vache maigres, étonné d'entendre le nom de « Hadj Lakhdar » j'ai voulu savoir plus sur ce personnage, à ma grande surprise il me fait la confidence que ce nom a été donné par les fugueurs à un lieu réservé aux déchets ménagères, les habitants de la ville trillent proprement les différents produits alimentaires les mettent dans des sacs avant de les déposer dans des lieux propres, pour un usage quotidien par les gens qui sont dans le besoin, Abdallah en fait partie, on trouve du pain, des fruits dès fois même des mets dans des plats en plastique, il m'avoue qu'ils étaient bien nourris grâce à la générosité des Milianais, qui ont un savoir vivre très pointu. Cette situation a duré le temps qu'ils se fassent arrêter, pour se faire conduire dans l'autre côté de la barrière, mais pour passer un mois en prison avant d'être juger. Là aussi il m'avoue qu'ils étaient bien pris en charge et me choque en m'avouant qu'ils étaient bien nourris en prison, en fait mieux que chez lui, il insiste sur le fait qu'il mange chaque jour du poisson et ils ont eu droit à un dessert, un genre de poisson qu'il n'a pas mangé de sa vie, j'ai remarqué qu'il a pris quelques kilos de plus, mais je ne me suis jamais imaginé que l'alimentation de « Hadj Lakhdar » ferait autant de bien pour le corps. J'ai demandé à Abdallah s'il regrettait son voyage, il m'avoua

qu'il ne regrette rien et que cela faisait partie de l'expérience de la vie. Après leur jugement, ils se font embarquer dans une cave d'un bateau à destination de l'Algérie, où ils sont répertoriés « fugueurs » avec mention « dernier avertissement ».

Aujourd'hui, Abdallah vit actuellement à l'aise avec sa famille, il s'est convertit dans la restauration, il vend des sandwichs de tout genre, achète un petit camion de marque chinoise qui lui permet de boucler ses fins de mois en pratiquant l'activité de transport public, il devient un vrai pieux respecté de tous ses amis, dès fois pour le taquiner, je lui fais part d'un bisou fraternel de « Hadj Lakhdar ».

Un autre support ; le secteur des télécommunications qui favorise indirectement les fugues, cet aspect qui parait inoffensif reste des plus dangereux, car il véhicule un mode d'acculturation en perpétuelle fonction, les publicités, les reportages, les émissions de télévision qui émanent via des satellites et qui inondent les espaces culturels des pays sous-développés créent au-delà de leurs aspects positifs, par leur inadaptation aux réalités de ces pays une frustration intense chez les téléspectateurs pour ne pas avoir les possibilités d'accès aux avantages miroités par les images télévisuelles, c'est vrai que le libre-échange permet d'avoir sur les étalages des marchés et des magasins des produits made in, mais il va falloir posséder les moyens financiers de les acheter, ce phénomène crée virtuellement chez les populations une aspiration profonde à quitter les lieux pour

découvrir ce qu'elles considèrent comme la belle vie. La plupart des jeunes vivent généralement une ambivalence aigüe qui se manifeste par une illusion de vivre à l'européenne grâce à des éléments tels que les effets vestimentaires, les moyens de transport, les divers gadgets que leurs portes monnaies leurs permettent d'acquérir, leurs coupes de cheveux...etc. Situation qui tombe en désillusion dès qu'elle est confrontée aux dures réalités de la vie, caractérisées par de criardes inégalités sociales, des passes droits, la répression, un manque d'espaces de liberté, l'inaccessibilité à des soins médicaux de qualités, dans ce cas les populations assistent même à des gouvernants qui se pavanent pour un simple rhume dans de prestigieux hôpitaux des capitales européennes, avec l'argent des contribuables, alors que dès fois les populations ne trouvent même pas de boites d'aspirines dans les pharmacies des hôpitaux publics. Telle est la cruelle réalité que vivent les populations des pays dominés et qui fait des jeunes un énorme potentiel de candidats aux fugues collectives. Des sociétés qui n'ont plus de gardes fous culturels en mesure d'éviter l'inculture, là les pays dominants participent sans le vouloir à la création de courants de rejets des modèles de culture occidentale, non par vocation, mais par frustration de ne pouvoir les vivre correctement. Ce dilemme est conforté par le fait que les têtes de file de ces courants qui disposent de moyens financiers énormes baignent dans une hypocrisie qui ne dit pas son nom, en envoyant leurs enfants étudiés et vivre en

Europe, alors qu'eux tentent de mener tambour battant une lutte acharnée à tout ce qui relève de l'occident, mais sans se priver aussi de passer leurs congés de faire leur shopping en famille et d'investir dans les prestigieuses capitales occidentales, alors qu'ils bernent les populations par des discours imbibés d'un nationalisme virtuel, afin de perpétuer leurs privilèges souvent mal acquis. Cette situation me chagrine beaucoup et j'ai la ferme conviction que si les gouvernants de la planète ne décident pas de changer le cours de l'histoire en imposant un partage équitable des richesses entre nations pour bannir à jamais l'horrible acte de recherche de nourriture dans les poubelles par les sans abris, par les fugueurs et par tant de mal-nourris, de se rendre à l'évidence que les hommes doivent retrouver leur vrai destin humanitaire basé sur l'égalité devant les soins, devant le logement, devant la vie et la mort tout court, de prendre conscience que la planète est le seul bateau unique que les humains partagent et les continents ses structures et que si l'une de ses structures chavire c'est le bateau en entier qui touchera le fond. Cette vision nécessite une pause où le langage des armes se taise, où les privilèges s'arrêtent, où les couleurs de peau se confondent, où les langues ne seront que simples langages, où les religions prêchent l'amour, où les civilisations ne réclament plus leurs différences, mais leurs traits d'union, où l'être humain se sentira chez lui à travers le monde, beaucoup de gens me taxeront d'utopiste, je leur dirais il suffit juste de mettre fin à l'égoïsme pour se rendre compte

que les richesses de la planète, son espace suffiront largement à nourrir et à abriter convenablement les populations qui y habitent, enfin cette option doit être accompagnée par l'abolition de la concurrence qui est source des malheurs de l'homme, car elle est pourvoyeuse de jalousie, de haine et de nombreux maux fatales à l'humain. Sinon c'est le paquebot planète qui chavirera en emportant avec lui voyageurs et équipages, là ça sera la grande et l'atroce fugue.

« J'aurais tué en moi

Ce que je sais de moi

Pour ne pas avoir à tuer

Ce que je sais de l'autre »

Pierre Londiche

(Eloge à la fugue) France Univers

La fugue intérieure

Il y a un moment dans la vie, où l'humain procède à une pause, afin de faire son mea culpa, voir clairement les choses, prendre les meilleures décisions pour avancer. Au carrefour de sa vie et vue son expérience, sa réflexion le pousse vers un exil intérieur, à un certain âge. En abordant mes cinquante années d'âge, il m'est arrivé de demander à mon père d'intervenir pour régler une dispute entre frères, un problème familial, il me répondait : « Mon fils! Vous êtes tous des hommes avec des enfants, je crois que j'ai cessé d'exercer mes fonctions depuis longtemps, je n'ai plus de jus nécessaire pour intervenir. » Ce n'est qu'après son décès à l'âge de quatre-vingts onze ans, en analysant son comportement que je me suis rendu compte qu'il était en état de fugue, il a baissé les bras, il ne vivait plus, nos sages disent souvent dans ce cas de figure : « Qu'un tel ou une telle a divorcé avec la vie. » vision de sagesse, car finalement la vie est un contrat d'une durée déterminée, dont le temps d'exécution est improbable car il est établie à sens unique, il relève exclusivement de la volonté du grand patron.

Dans cette fugue, qui se révèle comme un abandon d'un parcours faute de ne plus avoir la conviction d'agir, de continuer le trajet, de se renier même en tant qu'acteur social; l'être humain se remet en réalité à la profondeur des choses, il change sa perception de la vie et dans sa fugue il s'élève dans un cosmos imperceptible, qui fait de lui un être

associable, incompréhensible en quelque sorte un fou, mais doit-on traité vraiment quelqu'un qui essaye d'avoir une vision particulière de fou?

Dans ce cosmos, il voit les choses différemment et tel un ressuscité, il se donne d'autres normes de vie, met son cerveau au repos, se fabrique une bulle où il voit tout en rose, il apprivoise alors le bruit pour en faire du silence, il apprivoise la colère pour en faire l'apaisement, il apprivoise la tristesse pour en faire la joie, il apprivoise la faim pour en faire l'opulence...etc. D'une manière générale, il effectue un formatage de sa pensée comme en formate le disque dur d'un ordinateur pour installer un autre programme, il fait de l'échec une réussite, à défaut de changer de cadence, il se laisse aller comme un véhicule qui roule en mode point mort, jusqu'à ce qu'il s'arrête.

Dans la profondeur de sa fugue, il fait de son cœur un simple organe qui bat seulement pour effectuer sa vraie fonction: régulé la circulation du sang, il devient neutre, en collaboration avec son cerveau il ne bat plus pour les autres. En fait ses organes sont réduit dans leur globalité à leurs simples fonctions biologiques, il abandonne les jeux ludiques, se concentre sur son parcours et se dit souvent que la vie importe peu devant l'immensité de ses rêves. Des rêves qui dépassent la réalité; là où ses sensations font du néant un espace pour l'espoir, car l'humain pour lui n'est plus ce qu'il était, il nie son statut d'humain pour ne plus pouvoir se situer dans cette atmosphère, qui lui échappe et

qui fait de lui un renégat. La plénitude de ses actions sont destinées à réinventer l'humain qui a faillit quelque part, défaillance multiforme qui donne au monde dans lequel nous vivons un statut de planète en folie, avec ses déséquilibres, ses guerres, ses détresses, ses injustices, ses religions bafouées, dont laquelle les ambitions de l'humain mènent à la décrépitude, au chaos, car les gardes fous que sont : La morale, l'intégrité, l'honneur et tout ce qui peut embellir nos sociétés disparaissent lentement mais sûrement, pour laisser place à d'autres paramètres qui nient dans son essence la noblesse de l'humain. Cet état de décrépitude a atteint un point où la comparaison avec les animaux fait de ces derniers des êtres vivants plus aguerries à une vie de société. Hélas! La fugue intérieure trouve dans ce désordre une justification incontestable qui nous ne permet pas de traiter de fou l'être fugueur. Dans sa quête d'un autre idéal, il se rend compte que l'homme lui-même est une œuvre inachevée, mais peut- il y remédier? Inachevée, dans la mesure où sa destinée lui échappe, car soumise à son incapacité de décider de la temporalité de la vie, là aussi se pose le dilemme des œuvres de l'homme qui sont toutes inachevées, car elles s'inscrivent dans une dimension où la perfection est inaccessible.

Sa fugue se révèle être une révolte contre le temps, qu'il considère inapproprié, injuste et perfide dans la mesure où il est inégalement répartie entre les humains dans la durée, pour lui le temps et la durée ne font jamais bon ménage avec les aspirations illimitées de l'humain,

dont certaines meublent le temps pour rester inachevées dans la durée. Dans ce cas de figure et dans sa fugue est-il capable de rétablir ou de s'approprier cette dimension temporelle et de durée pour la façonner, selon ses propres besoins?

Au moment où je me pose cette question un bref événement vient de se dérouler ce mercredi 13 juillet 2016 à dix- heures et qui vient à point mettre en relief cet aspect utopique de la fugue intérieure. En fait, deux de mes collègues viennent de rentrer dans mon bureau pour m'adresser un sublime au revoir sans plus, sans me regarder et avec des pincements au cœur, elles me quittent pour ne plus les revoir probablement, j'ai assisté en tant que responsable à leur recrutement on a meublé ensemble le temps avec des hauts et des bas, avec des frustrations, des joies, de la jalousie, des disputes, de l'amour brisé, des réalisations inachevées; jusqu'à ce que vienne subitement leur retraite anticipée, une séparation qui vient mettre en relief cette notion de durée qui échappe à l'humain et qui donne à cette fugue cette infime probabilité de se réaliser rien que partiellement. Mes collègues sont parties sans avoir le courage de regarder derrière elles, pour ne pas montrer leur tristesse, leur faiblesse, elles qui voudraient certainement rendre l'aventure éternelle, mais qui se rendent compte de leur incapacité à transcender cette réalité, oh! Combien amère et qui a fini de les conduire fatalement vers la porte de sortie.

Beaucoup de gens vous parleront de destin, mais pour le fugueur ce destin reste un système binaire basé sur deux paramètres inconciliables que sont la rencontre et la séparation, qui sont l'expression du commencement et de la fin; entre les deux se concrétise les œuvres éphémères de l'humain, qui avec illusion croit en sa force qui lui confère le statut de maître du monde. Une image, dont les couleurs s'abîment lentement dans les dédales de l'histoire, pour ne laisser que des traces qui donnent l'impression au fugueur d'être un simple élément de l'histoire, et dont les rides se dressent comme des témoins pour lui rappeler quand il se regarde dans un miroir les péripéties de leur formation. Quelque soit le genre de fugue, l'être humain se rendra compte que la nature est ainsi faite, quelque soit la densité du temps qu'il a façonné et la durée à laquelle il a le droit pour exécuter ses actes, il découvrira sa vraie nature d'être faible, une nature à laquelle il a tenté d'échapper dans son évolution, mais quelque soit la durée il finit toujours par se faire rattraper par cette nature, qui assistera à l'achèvement de son parcours et à son achèvement tout court.

Le fugueur comme un égaré de l'histoire ne retiendra au finish que la vie est jalonnée par des événements heureux et malheureux qui feront de lui ce produit perpétuellement inachevé, insatisfait deux qualificatifs qui caractérisent la nature humaine. Comme pour illustrer son désarroi face à cette situation, il griffonne quelques vers qui

établissent un constat combien partielle de cet état qui l'a amené à la fugue.

L'égaré de l'histoire!

Les étoiles s'éclipsent, ne restent au firmament que les fins nuages blancs pour guider vers le néant le voyageur venu d'ailleurs.

Le rétroviseur se brise effaçant la trajectoire sinueuse de l'inconnu errant sans boussole dans un univers sans âme.

La mer se déchaine, emportant dans ses vagues l'embarcation du marin troubadour attiré par le chant des sirènes vers un effroyable destin.

Le vent souffle érodant minutieusement les traces fraiches et incongrues de l'abstrait humain, déroutant l'archéologue qui tente de repérer une adéquation avec le temps.

La gloire s'en va, muette, car ne trouva point de soldat hardie méritant son symbole; dans le labyrinthe du temps, elle n'arrive plus à se frayer de chemin.

La vérité s'estompe, menacée par les propos exécrables d'hypocrites roublards; dans son profond intérieur, elle jura de revenir pour témoigner de l'égarement du peuple.

Le mensonge s'installe en roi, diffuse par antennes interposées les messages dilués de l'histoire jalonnée par des vérités mystifiées.

Le fatalisme s'érige en science et la science forte de ses repères navigue vers d'autres cieux, en regrettant d'abandonner ses bases aux fossoyeurs de la raison.

La compétence marginalisée, rebelle sans impact, se résigne au silence, pour sauvegarder la face; la raison sans force pleure sur son sort en silence, en se forgeant une carapace rempart.

L'ingratitude s'érige en citadelle, transforme tout labeur fructueux en hérésie, le travail se sentant lésé opta plus pour la routine en espérant une retraite dorée.

La terre vibre, comme révoltée contre les œuvres truquées de l'humain inconscient, emporte tout sur son passage; faisant de son désastre un appel à l'ordre où le rationnel sera rempart.

Les larmes se sèchent, les cris s'estompent, le sourire revient au galop, la vie continue et l'égaré demeure toujours intrigué; cherchant l'issue fatale d'un dénouement de l'histoire.

Ce poème traduisant une situation déplorable du monde, ramène le fugueur à sa vraie dimension d'électron de l'histoire, il est dedans, il agit, sans pouvoir se détacher, il ressent que l'espace sociétal est le seul espace de son mouvement et que s'il veut vraiment changer le monde, il doit participer aux changements positifs de la société, sinon son action serait comme celle d'un spermatozoïde émanant d'une masturbation, il sert uniquement à indiquer la sensation éprouvée. Il doit mettre aussi, son expérience au service de l'autre, il doit être ce socle qui assure un éclairage fructueux de l'avenir, Il se rend compte que son rêve d'un meilleur monde ne se concrétisera que collectivement, il faudrait que l'ensemble des humains de la planète s'imprègnent de l'importance d'un changement radical, prendre conscience que le destin des humains de cette planète ne doit pas continuer à être entre les mains de minorités qui imposent des idées, des stratégies, des guerres, des dépenses inutiles ....etc.

Combien de peuples ont applaudis des belligérances atroces, qui ont fait des milliers de victimes, pour des raisons considérées comme juste au départ, mais qu'on découvre par la suite comme étant une supercherie, la guerre en Irak en est un exemple édifiant. On massacre, on tue, on laisse des séquelles, on crée un chaos et on quitte les lieux, en laissant le peuple vivre l'enfer, on intervient ensuite par institutions interposées pour manifester une générosité mal placée, que traduisent les aides humanitaires

à des sociétés détruites rien que pour assurer la domination et exploiter les ressources pétrolières.

Slimane est conscient, que la tâche est difficile, car changer le monde ce n'est pas pour demain, mais il reste convaincu que l'histoire des sociétés est arrivée à un stade où à défaut de musique universelle qui unifie les âmes elle nous fait découvrir la violence universelle, un langage reconnu unanimement par l'ensemble des peuples de la planète, car aucun pays au monde n'est épargné. L'espoir en fait est permis pour que cette situation déclenche une solidarité des peuples pour dire basta! Arrêtons ensemble notre déchéance, stoppons ensemble la production des armes, militons tous pour l'amour, ce dernier doit être l'expression d'une complémentarité humaine sans défaillance aucune, partageons nos richesses, faire de l'espace planétaire un bien universelle où tout être humain peut vivre tranquillement, transcendons nos différences pour renforcer notre unité, faisons de nos civilisations, une civilisation planétaire multiforme où tous les peuples se sentent bâtisseurs, une civilisation où il n'y aura ni réfugiés, ni envahisseurs, ni développés, ni sous-développés, ni riches, ni pauvres, ni puissants, ni faible, une planète d'être humains qui chient , qui rient, qui pleurent , qui travaillent et qui partagent…etc.

C'est dans cette simplicité que poussera la plus belle fleur du monde qu'on appellera la paix universelle; une fleur qui aura pour fertilisant l'amitié, la fraternité, la

solidarité, la joie et l'ensemble des ingrédients qui feront d'elle une fleur éternellement odorante. Une éternelle odeur qui immunisera nos enfants des tentations perverses, de concurrences inutiles, de tyrannie sans gloire, de l'absurdité humaine tout court. Là aussi l'école de la vie doit être instaurée pour véhiculer ces aspirations; Oh! Combien légitimes, indépendamment de toute idéologie, de toute religion, de toute politique et plus particulièrement de tout égoïsme malsain.

Slimane, se réveille de sa sieste, pour se projeter dans ce monde où il aura une place d'acteur au soleil, sans penser à la fugue, il voit cet humain recréé faire de la planète un havre de paix, où régnera la fraternité, la joie de vivre, une planète qui deviendra un espace protégé au service de l'humain. Ce dernier doit prendre conscience que ce n'est pas facile de bousculer les événements, mais avec sa nouvelle vision, il doit penser à mettre un terme à la domination octogonale du monde, qui donne droit à huit chefs de super puissances de décider de l'avenir du monde à la place des peuples. Il va falloir aussi restituer les institutions internationales à l'humain, institutions créés au départ pour régenter d'une manière juste le monde, mais qui ont été détournées au profit d'une gestion « octogonale » des puissants, grâce à l'instauration du véto, qui met en valeur le caractère dominant d'un ou deux puissances, cet état de fait laisse de nombreux conflits en suspens aux quatre coins du monde et propage le désespoir dans les rangs de ceux qui luttent pour la restauration de

leurs dignités, encourage de nombreux despotes à faire valoir leurs absurdités en prônant l'extermination des vies humaines et assurer le pillage des ressources naturelles. Le système judiciaire doit faire l'objet d'une refonte qui permettra d'assurer avec la même rigueur le droit à l'humain d'être jugé conformément à ses actes, sans prendre en considération sa couleur, ses origines et le rang qui lui confère sa puissance. Slimane sait que ça ne sera pas pour demain, mais il reste convaincu que l'espoir est permit, il va falloir seulement avoir une bonne dose de rigueur qui permettra de rallier les pessimistes pour la réalisation de cette noble vision.

« Si vous brulez de voir l'esprit de la mort, ouvrez grand votre cœur dans le corps de la vie. »

Khalil Gibran in le prophète p.17

La fugue vers la mort !

Beaucoup de gens et plus particulièrement ceux des pays riches pensent que les cataclysmes n'arrivent qu'aux autres, la faim, la sécheresse, les inondations, la violence, les guerres, les attentats...etc. relèvent beaucoup plus du sous-développement; mais ils oublient qu'on ne récolte, que ce que l'on sème, là il faudrait surtout le rappeler à certains intervenants écervelés sur les plateaux de télévision, qui par esprit réducteur ramènent toujours les faits à des causes très superficielles et la cause la plus dominante qui revient dans les explications des événements tragiques qui ont frappé certaines capitales et villes européennes est l'islamisme confondu avec le terrorisme. Doit-on souligner que cette thèse répond beaucoup plus à un effet conjoncturel où les groupes terroristes sont devenus la vitrine commerciale du chaos planétaire, mais dans un cadre où l'objectivité doit être le support incontestable de la réflexion, cette thèse oh! Combien réductrice sera sans doute essuyer du revers de la main, vous allez certainement posez la question la plus simple à savoir : Pourquoi?

La raison est aussi simple, il suffit juste d'être attentif à l'évolution des sociétés, qui ont connu dans leurs mutations trois grands courants idéologiques, qui ont été traduit par les systèmes du capitalisme, du socialisme et du communisme, d'une manière générale le monde était scindé en deux blocs que sont celui du capitalisme et du socialisme. Chacun des deux blocs est composé de pays structurés de

telle manière à répondre ne serait ce que partiellement à certains principes de fonctionnement propres à chaque bloc; certes entre les protagonistes des deux systèmes la concurrence était rude, mais des lignes rouges à ne pas dépasser étaient tracées, d'ailleurs même quand on parle de guerre entre les deux blocs on la qualifie de froide, comme si vraiment il existe une guerre froide.

Le fonctionnement de ces deux systèmes à aboutit à certaines belligérances internationales, que l'un des deux blocs évite de s'emmêler, comme si c'était un principe d'une charte préétablie entre les maîtres. Le fonctionnement de ces deux entités a permis pour une longue période aux gouvernants des pays d'instaurer une certaine discipline sociale où les contradictions sont souvent étouffées dans l'œuf et les groupuscules contestataires se retrouvent généralement dans des prisons à méditer sur leur sort, dont certaines têtes de files se retrouvent exécuter à l'aube pour servir d'exemple à ceux qui sont tentés de faire la révolution. Malgré cet état répressif, on doit admettre que les perturbations qu'a connues le monde restent dans le domaine du maitrisable. Les groupuscules radicaux sont rapidement mis hors d'état de nuire, grâce à des systèmes de renseignement performant et les événements de revendications sociales sont limités à des manifestations de proximité qui sont rapidement réprimées, tout ça pour assurer une cohésion sociale. Malheureusement cet état de fait a permis l'émergence dans le bloc socialiste de nombreux apprentis dictateurs,

qui à défaut de bâtir des nations fortes ont bâti des fortunes personnelles colossales, profitant de cette aubaine, leur entourage faisait de même et leurs peuples sombrent dans la misère et la déchéance sans pouvoir briser l'omerta imposée par les services de répressions.

Quant au bloc capitaliste il a connu avec le temps l'émergence d'un capitalisme sauvage basé sur la puissance de l'argent et où l'être humain est réduit à son simple statut de marchandise, que les sbires des multinationales utilisent à bon escient pour fructifier leurs capitaux, là aussi la répression est de mise et elle sert souvent à réprimer toutes les revendications des travailleurs, de même que le bloc socialiste une nomenklatura de gestionnaires aux services du capital met main basse sur l'ensemble des avantages d'un système inégalitaire déjà à la base. Cette situation à permit l'élargissement de la pauvreté et la marginalisation de plus en plus grande d'une large partie de la population de ces pays, les émeutes que connaissent certaines villes et capitales occidentales sont l'expression même de la défaillance d'un système basé sur la concurrence déloyale et qui a instauré la loi du plus fort, basée sur les sommes colossales d'argent amassée sur le dos des travailleurs. Ce constat aussi simple et généraliste résume la situation peu reluisante d'un monde qui fonctionne à deux vitesses, l'une mène une minorité à l'opulence et l'autre mène la majorité à la déchéance, cette contradiction ne se limite pas à l'intérieur des deux blocs, mais brise les lignes rouges à ne

pas dépasser entre les deux entités par nécessité d'une reproduction élargie du capital.

Dans l'euphorie d'une guerre dite froide le bloc socialiste cède à la rupture et comme un barrage dont les murs s'effondrent sous la pression des eaux et qui emporte tout ce qu'il trouve sur son passage, les pays affiliés à ce bloc se retrouvent désormais en solitaire face à leurs problèmes internes ; dans cette atmosphère mouvementée, s'installe en filigrane les croisades du capital, la mise en place de deux leviers de transformation radicale du monde que sont la mondialisation et la démocratie, deux enjeux imposés à la majorité des pays, dont certains n'étaient pas près pour un changement brusque payent la lourde facture de leur résistance.

Dans cette ambiance, soutenue par le progrès technique et principalement les prouesses réalisées dans le domaine de l'informatique et de la télécommunication. Deux domaines qui ont mis à nu les intentions des uns et des autres et qui ont facilité la création de divers réseaux sociaux, qui sont devenus les purs ennemis des gouvernants, qui assistent impuissants à la déstructuration programmée de leur monopole de l'information. La mise en place de la démocratie, dans la plupart des cas d'une manière forcée pour beaucoup de pays et dont l'objectif principal non avoué est de généraliser la formule chère à Adam Smith : « Laissez faire, laissez allez ! » a abouti à l'ouverture des frontières des pays, à la circulation libres de marchandises

de tout genre, a permis le démantèlement des circuits de commercialisation existants pour que s'installe un marché, qui répond à une économie de bazar productrice d'activités de l'informelle, accompagnées d'une nouvelle catégorie de spéculateurs qui amassent en un temps record des sommes colossales d'argent sans payer d'impôt, ceci leur permet de changer de statut en envahissant le domaine politique, par des financements de groupuscules répondant à leurs aspirations, ou en marchandant des places dans des élections souvent truquées et approuvées par des représentations étrangères, qui encouragent la mise en place de nouvelles structures qui fonctionneront, selon les directives des pays dominants. Les gouvernants de ces pays perdent lentement mais sûrement leurs mains mises sur la gouvernance déjà affaiblie par les changements brusques à l'échelle internationale; certains de ces dirigeants aux comportements de dictateurs se trouvent sous la menace du tribunal pénal international (T.P.I) à la recherche d'une aura, d'autres attachés sans scrupules aux avantages des fonctions étatiques sont près à vendre leurs âmes au diable pour y rester.

Des changements s'opèrent alors rapidement, sans maîtrise véritable, la puissance de l'argent envahie les hautes sphères de la gouvernance ; des groupes politiques frustrés d'être bloqués ou jugeant qu'ils soient privés de leur droit d'exercer leur statut de partis politiques ou se sentant bernés par des comportements vicieux de leurs gouvernants se radicalisent et usent de tous les moyens

pour s'imposer, les armes deviennent alors et souvent leur ultime recours, dans ce cadre ce qu'on désigne par « islamisme radical » reste le plus médiatisé et il est devenu une problématique internationale, dans la mesure où de nombreux pays dominants qui ont misé sur ces groupes de radicaux, toute tendance confondue pour imposer aux gouvernants réticents à la démocratie les règles de la mondialisation ; c'est ainsi qu'ils accordent leurs soutiens financiers et logistiques à ces groupes qui sont considérés comme le moyen le plus plausible pour disloquer les structures de nombreux pays. Ils s'offrent au nom des droits de l'homme le droit d'ingérence. Ainsi, de nombreux pays se sont retrouvés déstructurer, meurtris, leurs gouvernants condamner et certains ont été massacrés et exécutés. Pour la plupart l'histoire retiendra que l'état actuel des pays touchés par les cataclysmes de changement forcés à l'instar de l'Irak, la Libye, la Syrie et un peu moins la Tunisie n'est pas vraiment reluisant, soumis à des violences infernales, les peuples de ces pays regrettent les anciennes gouvernances, mais continuent à payer le prix de leurs complicités avec des gens malintentionnés. Les réseaux de communication aidant, les pays occidentaux passent leurs pilules des batailles de bonnes causes, ouvrent leurs moyens d'information d'une manière sélective à ce qu'ils considèrent comme des opposants légitimes et offrent de gros avantages aux intellectuelles qui soutiennent mordicus la réalisation d'un chaos programmé, qui mènent au pompage des nappes pétrolifères ou à l'installation de

bases militaires pour des raisons de géopolitique. Une certaine ambivalence comportementale des gouvernants des pays dominants ne doit pas passer inaperçue, car elle est douteuse et fallacieuse dans la mesure où les groupes radicaux sont considérés comme opposants légitimes quand ils répondent aux besoins de leurs politiques de dislocations des structures sociales, économiques et politiques des pays visés et de terroristes quand les objectifs sont jugés atteints et l'existence de ces groupes devient inutile, comme quoi la mission est terminée, il faut rentrer à la maison.

Face à cette vision qui sort tout droit des laboratoires de l'impérialisme moderne; la réalité du terrain est là pour dissuader les promoteurs de cette thèse, que la mise en application de leur vision à un prix à payer, comme quoi qui sème le vent récolte la tempête. La réalité du terrain de ces pays détruits conjuguée à la mauvaise gestion dans certains pays occidentaux, dont l'impact négatif touche les couches sociales défavorisées, la montée des extrémismes, les problèmes économiques maquillés et détournés souvent par une propagande généralisée sur le phénomène du terrorisme, font naitre chez une frange de la population, surtout chez les jeunes un sentiment d'injustice, le manque d'expérience des services de sécurité dans le traitement des actes et des groupes terroristes rend souvent inefficace leurs interventions, les attaques du Bataclan, du stade de France et plus récemment le carnage de Nice, l'attaque du train en Allemagne, les tueries aux Etats-Unis sont des preuves irréfutables de l'amateurisme dont jouies les

services de sécurité de ces pays face à ce fléau mondial. Notons aussi leur impuissance face à la stratégie de communication utilisée par ces groupes et qui a donné ses fruits en convainquant de nombreuses personnes des deux sexes et de type européennes à les rejoindre sur les terrains de bataille ou à défaut de participer à l'exécution à distance des actes terroristes pour venger leurs compères tués dans les raids aériens menés par la coalition. C'est ce qu'on peut appeler le revers de la médaille. Ce dernier fait des pays occidentaux un espace à trois dimensions caractérisé par:

-Pays acteurs du terrorisme du fait de la participation d'une partie ne serait ce qu'infime de leur population aux actes.

-Pays combattants du terrorisme via les réseaux de communication et par une participation conséquente sur les terrains des batailles.

-Pays subissant le terrorisme à cause des actes de violence et les tueries qui se produisent sur leurs espaces dont les victimes sont des populations innocentes.

Cette situation non maîtrisée, crée chez les populations de ces pays un état de psychose, qui se traduit le plus souvent par des actes de racisme, d'islamophobie et de haine de l'autre, situation rendue aigüe par la montée de l'extrême droite qui utilise cet état de fait pour justifier ses positions politiques et faire de ces actes son cheval de bataille pour les élections à venir ou pour mettre à mal les

gouvernants actuels. Telles sont les conséquences inattendues générées par des politiques expansionnistes imposées par le système capitaliste qui cherche perpétuellement à dépasser ses contradictions en trouvant des espaces adéquats à la réalisation des profits, la bataille rangée des pays occidentaux pour l'obtention de marchés dans le cadre de la reconstruction de l'Irak après le départ de l'armée américaine en est la preuve irréfutable. Le même scénario est rendu compliqué pour le cas de la Syrie avec le retour en force de la Russie, qui combat avec zèle, ceux qui donnent le droit aux conspirateurs de l'impérialisme à mettre en application une stratégie qui fera de la Syrie le maillon faible du moyen orient et un espace géopolitique privilégié.

Slimane se réveille et se retrouve au carrefour des fugues, pour se rendre compte que finalement, la fugue vers la mort est née de l'hypocrisie qui caractérise les politiques des pays occidentaux, qui prennent leurs populations pour des dindons de la farce en leur faisant croire le bien fondé de leurs actions au niveau international et qui se retrouvent dans une frustration inédite en découvrant par la suite que ces politiques sont sources du chaos de la planète. La fugue vers la mort en tant que synthèse des défaillances des politiques des pays dominants et plus principalement du groupe des huit, peut être un déclic pour ceux qui veulent se ressaisir, ceux qui veulent donner un coup de pied dans la fourmilière, pour reconstruire le monde sur d'autres critères justes et fiables, pour ceux qui réfutent cette

proposition ; écoutez seulement les paroles d'un amoureux de la vie qui a disparue, mais dont les paroles sont d'actualités le grand Jaque Brel disait : « La pire forme d'absurdité est d'accepter ce monde tel qu'il est aujourd'hui et de ne pas lutter pour un monde comme il devrait être. » Alors, si on n'est pas capable de réfléchir de nous projeter vers l'avenir avec nos pensées faisons-le avec celles de nos morts, au moins ça sera une belle façon de leur rendre hommage.

Slimane pense que le capitalisme, le socialisme et le communisme ce sont des projets de sociétés mis en application par des gouvernants qui ont touché le nirvana du pouvoir, dont il est difficile de s'affranchir, les échecs à répétition enregistrés dans le temps avec l'ultime mirage d'une mondialisation qui tend à uniformiser les sociétés par un nivellement à la base grâce à une acculturation programmée des peuples, avec une adoption forcée de modèles socio-économiques basés dans leur intégralité sur la seule et unique loi du profit et qui font passer l'humain pour un instrument de leur réalisation, sans prise en compte de ses spécificités à travers le monde, aboutissent à de nombreuses conséquences souvent périlleuses, qui poussent à la remise en cause de ces projets de société. Ces derniers qui sont sensés au départ libérer l'humain de toute entrave pour se projeter dans un avenir radieux ; la bêtise humaine voudrait que ces projets auxquels de nombreux penseurs se sont sacrifiés pour offrir à l'humanité des jalons pour faire du monde un lieu

d'affirmation de sa supériorité se trouvent détourner par de puissants gouvernants qui n'ont que la gabegie, le despotisme, l'arnaque, la filouterie et enfin de compte la mort à offrir à des peuples, qui semblent ne plus croire au présent et à défaut de ne pas pouvoir construire l'avenir, ils se tournent vers le passé pour revivifier certaines expériences qu'ils croient avoir fait de leurs ancêtres des précurseurs de la dignité humaine. Telle est la radioscopie qui explique pour Slimane cette tentation de fuguer vers la mort, rêves de tous les frustrés de la planète qui le font d'une manière variée en adoptant le suicide avec ses différentes formes, la compassion avec les groupes de rebelles en se faisant exploser, en devenant assassin ou en rejoignant les terrains de bataille. Cette animation d'une folie meurtrière découlant d'une rupture profonde avec la société fragmentée sous le coup d'une virtuelle démocratie, d'une mondialisation unilatérale et qui n'est plus apte à assurer une solidarité entre ses membres est l'un des indices précurseur du chaos de la planète sous l'emprise d'une gestion octogonale des pays dominants.

« Tout notre drame est d'avoir importé ces pratiques qui installent la tristesse et la morosité et sous-tendent la misogynie, l'arriération culturelle, la xénophobie et le refus de la modernité. »

Maâmar Farah (in le soir d'Algérie Octobre 2017)

La fugue ou l'instinct de survie !

Les multiples formes de fugue, traduisent finalement un échec programmé de l'être humain dans la gestion des sociétés, par son égoïsme il a conduit la planète vers une situation peu reluisante, c'est vrai qu'il est arrivé à faire de la planète un village grâce aux technologies de pointe, meilleurs moyens de transport, meilleurs moyens de communication...etc. Néanmoins tous ses exploits sont entachés d'une multitude de défaillances sociales, économiques, juridiques et morales.

Au plan social, beaucoup de sociétés sont restées à la marge de ce développement, car les structures dont elles disposent ne leur permettent pas de s'adapter aux modèles de sociétés que véhicule la transformation du monde, cette dernière basée beaucoup plus sur la concurrence et la force, nécessite des moyens que beaucoup de pays n'ont pas. Dans le cadre de leurs mutations ces sociétés n'ont pas pu produire un système de gouvernance à la mesure des défis qui les attendent. Sous d'autres cieux, les pays développés, dont les sociétés sont qualifiées de consommation essayent toujours de rester performantes pour maintenir leur genre de vie, pour se faire, leurs dirigeant s'appuient sur une diversité de divinités à l'instar de Dieu pétrole, Dieu nucléaire, Dieu Euro et Dieu Dollar, sur le terrain le sacrifice fait pour ces Dieux passe inévitablement par la guerre; des millions de personnes sont mortes, des millions d'autres sont soumises à des fugues collectives sous des

pluies de bombes et des balles assassines, de nombreux pays occidentaux passent pour des fervents défenseurs des principes que leurs Dieux imposent sans se soucier de l'existence humaine, devant leurs intérêts l'humanisme s'effrite emportant avec lui toutes les nobles valeurs que l'homme devrait entretenir telles que l'entre-aide, la droiture, le dignité , la virtuosité, la sagesse, le respect, bref l'ensemble des valeurs qui donne à l'humain sa noblesse. Si on analyse bien les événements dramatiques vécus par de nombreux pays à l'instar de l'Iraq, la Syrie, la Libye, pour ne citer que ces trois pays, on constate que ces pays sont des pays qui n'ont pas accepté de répondre favorablement aux exigences imposées par ces divinités des temps modernes, via des dirigeants qui ne reculent devant aucun obstacle pour asseoir les principes d'une domination véhiculés par des modèles de sociétés inappropriés aux pays pauvres ou sous développés.

Sur le plan économique, les multinationales imposent leurs emprises, au lieu de fructifier le rationnel et l'équité, elles ont développé la rapine, la corruption, plaçant les pays sous développés dans une spirale de perte continuelle, découlant d'échanges inégaux, les investissements proposés pour les pays sous développés répondent aux principes de la délocalisation du capital, qu'à une volonté de sortir ces pays du sous développement, on se rend compte alors que les industries proposées relèvent beaucoup plus de la quincaillerie que d'une vraie industrialisation avec des normes internationales, même les produits destinés pour

ces pays ne sont pas accompagnés de règles de sécurité, dont jouissent ceux destinés aux populations des pays développés.

Ces pays sont souvent soumis à l'effet de la concurrence des politiques financières prônées par les adeptes du Dieu Dollar et du Dieu Euro, les pays qui se démarquent d'une politique au profit de l'autre se trouvent menacer, n'a t'on pas classé certains pays qui se sont démarqués du Dieu Dollar d'axe du mal ! Cette situation est l'une des raisons qui ont poussé certains pays dominants à utiliser virtuellement Dieu nucléaire pour justifier la destruction des assises politiques, économiques et sociales de l'Irak et dont les groupes terroristes sont devenus par la suite des vecteurs actifs qui font durer la situation de désordre pour combler Dieu pétrole. Un autre pays dont les déclarations du chef ont révélé ses intentions de se démarquer du Dieux dollar et du Dieu Euro en réfléchissant à la création d'une banque proprement africaine a payé de sa vie ses arguments futuristes et la Lybie est devenue alors ce qu'elle est actuellement et Dieu pétrole bénie les acteurs qui ont participé à la mise en place d'un chaos qui ne dit pas son nom. Là aussi les groupes terroristes sont en train de faire durer le chaos et permettent à certaines puissances de tester leurs dernières trouvailles en matière de logistique de guerre.

Cette situation peu reluisante du monde découle en fait d'une confrontation des politiques financières

mondiales soutenues par des rapports de force, qui se mesurent par la grandeur du Dieu nucléaire dans chaque bloc. Pour dissuader les responsables des pays arabes de prendre des décisions contraires aux Dieux modernes on leur offre le passage à la guillotine d'un président le jour du sacrifice des moutons de l'aïd plus exactement le trente décembre 2006, un horrible symbole au cœur d'une fiesta religieuse. Le plus désolant, il n'y a pas de dénonciation même verbale de l'acte par les pays musulmans et après une dizaine d'années, le monde découvre l'aberration d'une guerre justifiée par de faux dossiers.

Au plan juridique, on assiste à la fédération des institutions internationales pour le soutien des Dieux modernes, les vétos pratiqués sont utilisés souvent pour perpétuer des situations dramatiques aux profits de pays dominants qui agissent comme des parasites qui tirent avantage d'événements généralement inhumains au détriment de pays exploités, détruits et offusqués ; au lieu de promouvoir la paix et donné la chance à toutes les populations de la planète de vivre décemment , on produit des lois dans les plus hautes instances mondiales pour permettre des belligérances, avec des partis pris au profits du groupe dont l'action arrange le belligérant. L'application de la législation est souvent soumise à rudes épreuves par certains pays qui l'appliquent seulement quand elle répond positivement à leurs aspirations, pour d'autres elle est imposée et quand elle n'est pas appliquée on intervient souvent avec force pour mettre en valeur sa

force juridique. Au nom de la démocratie, on libère les frontières et on invite les pays sous développés à négocier des traités commerciaux qui ne répondent pas positivement à leurs besoins. Au nom de ces traités, les espaces commerciaux des pays sous développés deviennent des bazars à tous ce qui n'est pas vendu dans les pays producteurs. Sachant que les pays sous développés n'ont pas les compétences requises en matière de contrôle (manque d'experts, absence de laboratoires ...etc.) alors toutes les absurdités du système productif de l'occident et de celui de certains pays émergeants passent inaperçues dans la chaine de consommation des pays sous développés, à titre d'exemple combien de produits pharmaceutiques interdits d'usage en Europe se vendent librement dans les pays Africains avec les lots de conséquences néfastes enregistrés ? Cet état de fait est consolidé par l'existence des classes politiques de pays sous développés qui trouvent ses intérêts dans les règles de jeux pratiquées par les pays dominants, généralement pour prolonger leurs statuts de privilégiés, elles sont prêtes a négocié avec le diable, au détriment même de leurs peuples.

Quant à la morale, elle se trouve mystifiée du moment que la dignité humaine est bafouée au nom de la suprématie du capital, la force est devenue le vecteur de gestion planétaire, ce qui rend la prise de décision entre un groupe de pays très réduit, avec les conflits d'intérêts entre les pays membres de ce groupe dominant, on ira inévitablement à plus de violence et le plus grand perdant ça sera

inévitablement l'humain qui sera soumis à des fugues denses, mais dans quel sens ? Seul la nature des conflits et leurs animateurs détermineront les trajectoires des futures fugues. Pour le moment, les fugues principalement collectives vont du sud au nord, avec toutes les conséquences désastreuses pour l'humain, qui perd ses repères, sa culture, sa joie de vivre. En découvrant les multiples facettes de son semblable; les fugueurs se résignent à supporter toutes les abominables réactions de certains manipulateurs d'esprits qui ne trouvent comme seul moyens d'existence que la misère des autres, ils oublient qu'on ne choisit pas le lieu de notre naissance, ni celui de notre disparition et le nanti d'aujourd'hui peut devenir le misérable de demain; ne dit-on pas que la vie nous réserve toujours des surprises ! Ils oublient aussi que la fugue est un acte de survie pour la plupart des fugueurs. Il y a lieu de signaler l'immoralité du comportement des nantis qui se traduit par une ambivalence criarde dans la gestion des problèmes de la planète, pour quelle raison on procède à l'unification des deux Allemagnes d'après guerre et on consolide l'effritement de nombreux pays hors d'Europe, et on aiguise les contradictions entre les deux frères ennemis coréens ? Des comportements qui sont censés réveiller les consciences des responsables des pays retardataires, mais hélas ! C'est par leurs comportements irresponsables qui consolident toujours les idées venues d'ailleurs que de nombreux pays ont connus l'effritement, c'est sous leurs

applaudissements que leurs voisins se sont fait bombarder, croyant vraiment qu'ils échapperont à cette infernale stratégies de réorganisation du globe, par ceux qui pensent à l'amélioration du genre de vie de leurs peuples. Cette nouvelle stratégie géopolitique est minutieusement étudiée et elle est même accompagnée de philosophes jouant les éclaireurs et le rôle de conseillers, ils sont comme des oiseaux de mauvais augures, car là où ils apparaissent, il faudrait s'attendre aux pires des cauchemars. L'ensemble des caractéristiques de cet état de fait n'est pas parvenu à éclairer les esprits des gouvernants de pays retardataires qui sont devenus les fers de lance de cette politique de fragmentation des espaces géopolitiques d'Afrique, d'Asie et de pays arabes et ils se retrouvent le plus souvent les exécutants de sales besognes programmées par les pays dominant, afin de perpétuer leur misérabilisme politique qui leur garantit leurs statuts de régimes dictatoriaux.

« Il n’y a pas de fugue précieuse que celle qui éveille les consciences ! »

L’auteur

La fugue phare !

Notons qu'aux différentes formes de fugue correspond des conditions appropriées, qui sont à l'origine de la prise de décision de s'en aller, généralement pour une courte durée, soit pour exprimer son opposition, sa démarcation, son dégout face à une situation donnée ; dans le cas de la fugue individuelle on fait appel souvent à un psychologue pour comprendre les raisons de la fugue et traité psychologiquement le fugueur ou la fugueuse. Mais avec les fugues collectives imposées par des situations économiques désastreuses, par des guerres, la solution devient difficile et demande aussi des solutions collectives, ces solutions doivent s'attaquer aux origines des problèmes qui ont amené des groupes de populations à partir sans réfléchir, car il s'agit souvent de survie. Ces situations lamentables ont des effets de prises de conscience sur d'autres populations, qui sous l'effet de la réalité du terrain et les médias qui ont font des sujets de débat réfléchissent sur les causes de ces situations, des réflexions qui vont d'une simple condamnation à une prise de position politique, en fait dans ces cas, la fugue devient le phare qui éclaire l'opinion publique, sur des situations que les Etats impliqués dans les conflits voudraient passer sous silence, c'est aussi un éclairage sur les responsabilités des uns et des autres. Cette prise de conscience, reste le vecteur essentiel d'un futur changement, quand tous les masques seront

tombés, car les effets catastrophiques enregistrés outre-mer par les vagues de migrants qui déferlent sur la rive nord de la méditerranée, ont crées moult comportements de groupes sociaux et politiques, qui demandent chacun selon ses croyances à un changement de situation et remettent souvent en cause les politiques d'intervention militaires de leurs gouvernements, il y a ceux qui demandent un changement au niveau des institutions mondiales, ceux qui osent pointer du doigt les responsables directs, leurs demandent des comptes et des éclaircissements sur leurs actions sur le terrain des hostilités.

Avec les élections dans certains pays, surtout occidentaux, les responsables politiques font des chapitres de propositions en se basant sur les supports liés aux situations de fugues collectives, pour améliorer leurs suffrages. La population mondiale semble être touchée par la destruction programmée de la planète par de pseudos gestionnaires qui ne se soucient que de la multiplication numéraire de leurs actes, c'est ce qu'on peut désigner par la notion de « mercenaires de la finance », car pour des politiques financières particulières, pour des gains généralement en numéraire, ils interviennent dans des espaces , qui ne sont pas les leurs, de point de vue juridique. Ils justifient leurs actions par de faux dossiers tels que les droits de l'homme, la défense des minorités, la possession ou la fabrication de l'arme nucléaire. Une fois les plans de destruction exécutés, les médias se mettent à rétablir les faits dans les réelles circonstances de leur maturation, mais

c'est déjà trop tard, des populations sont tuées, d'autres poussées à la fugue collective, d'autres mutilées de leurs membres, des destructions en profondeur des infrastructures, ces dernières ouvrent généralement les portes aux entreprises des pays intervenant pour la reconstruction, des marchés onéreux financés sur la base de l'exploitation des ressources naturelles, généralement le pétrole pompé à outrance et vendu à bas prix. Tel est le cercle vicieux de l'intervention des puissants pour soumettre la planète à leur folie de domination ; tels des charognards, ils se disputent les dividendes de leurs macabres prouesses.

Quant aux populations des pays sous-développés, agressées par tous les moyens, elles continuent à subir les événements en espérant fatalement que ces potentats seront un jour condamnés par l'histoire. Ces tumultueux événements ne touchent pas seulement les pays agressés, mais s'étalent via de groupuscules de terroristes dans certains pays développés, des terroristes dont l'idéal est de se faire exploser pour des principes généralement inavoués, car l'effet religieux qu'on colle à leurs actions est peu convaincant du fait que les candidats à ces actions relèvent généralement de gens qui n'ont aucune relation avec la religion et plus particulièrement avec l'islam, qui est la première religion au monde à subir les anathèmes de ses détracteurs. Sans être un défenseur des religions, pour plusieurs raisons telles que : Les religions n'ont pas besoin d'être défendues, car elles sont l'émanation de Dieu, donc

ça dépasse les forces humaines, je considère aussi que personne d'autre ne sera responsable de mes actes devant Dieu, le reste n'est que de la manipulation, cette dernière agit comme un produit anesthésiant sur les populations, pour détourner l'opinion publique des vrais stratégies qui se mettent en place par les pays dominateurs, aux dernières nouvelles on nous sort pour mieux nous affolé l'existence des prémices d'une guerre mondiale de type nucléaire entre les deux géants de la planète, la Russie et les U.S.A.

C'est l'ensemble, des moyens d'informations qui se sont mis en branle pour crier au danger, alors que la guerre est à son summum en Syrie et au Yémen, deux dossiers chauds qui sont traités différemment par les capitales européennes, comme si les gens qui meurent sont différents, d'un cotés des humains, de l'autre côté des humanoïdes, triste sort d'un monde aux aboies. Face à cette situation de déliquescence, on s'attendait à des solutions aux drames humains, mais les pays dominants se soucient beaucoup plus des stratégies à mettre en œuvre pour mieux se donner l'étoffe de maître du monde, finalement, si on réfléchi bien, même s'il y a danger de guerre nucléaire, les pays sous développés n'ont absolument rien à perdre, car pour la plupart des populations de ces pays la mort fait partie de leur décor quotidien, elle est en quelque sorte leur sauveteur , familière et elle les soulage de leur souffrance, c'est un amère constat, dont les maîtres du monde ne se soucient guère, mais le comble de tout ce drame c'est qu'on a une seule planète terre, tous les fléaux qui touchent

n'importe quel pays au monde sont menaçants pour toute le reste de la population mondiale, car finalement avec la technologie actuelle et les moyens de communication, l'ensemble des pays sont imbriqués les uns les autres, comme un fuseau d' A.D.N, dont le fonctionnement est perturbé à chaque fois qu'il enregistre une aberration génétique. A ce niveau, l'éminent biologiste Français et prix Nobel de biologie en 1976, Jean Rostand tiré la sonnette d'alarme sur le bricolage génétique, dans notre cas nous crierons tous ensemble : Halte au bricolage nucléaire ! Car tout faut pas dans ce domaine ça sera la terrible extinction de l'espèce humaine qui sera mise en branle et personne ne sera épargné, riche ou pauvre, souterrain ou pas souterrain, c'est la vie terrestre qui en subira les conséquences, alors de grâce militons tous pour une vie sans nucléaire, de part les leçons de l'histoire, on doit se remettre à l'évidence que l'humain a besoin beaucoup plus d'une planète sans guerre, sans tragédie, car si on fait des journées de commémoration de l'holocauste, d'Hiroshima et Nagasaki c'est finalement pour retenir la leçon de l'histoire, même avec ces événements, quelques responsables semblent avoir la mémoire courte, car de statut de victime, ils se transforment pour des causes débiles en bourreaux, tout en criant en face du monde leurs désappointement pour leur statut de virtuelles victimes qu'ils portent comme chapeau. Cette hypocrisie, leur permet de profiter de l'histoire dramatique de leur population et de déclencher en même temps, comme par

simulation historique des événements aussi dramatiques, mais qui les font passer de statut de victimes au statut de bourreaux, cette transition effroyable s'effectue sous les regards souvent complices des responsables des institutions internationales, dont l'usage du véto par les puissances mondiales reste un indicateur de faiblesse de ces institutions.

Dans une vidéo diffusée par « France, tu fous le camp » sur les réseaux sociaux, le père Henri Boulad, catholique égyptien crie sa colère, contre le mal qui ravage le monde pour ceux qui veulent l'entendre et souligne le fait que l'occident s'est trahie et a du sang sur les mains pour l'argent et le pétrole, il incombe toutes les tragédies de la planète aux pays du pacte atlantique, qui dans une stratégie de domination, ils ont sacrifié leurs âmes au profit de l'argent et du pétrole, ils soutient que ces pays ont vendu leurs âmes au diable et qu'ils finiront par s'effondrer, car ils sont comme un fruit pourri de l'intérieur. Un réel S.O.S, pour que les pays puissants puissent se ressaisirent, tant qu'il n'est pas trop tard, finalement il n'y a pas que le père Boulad qui est en colère, mais l'ensemble de la population de la planète qui dit basta ! Alors gageons tous que l'humain est comme l'hydre qui peut renaître de ses cendres et qu'il est capable de faire d'une régression une formidable résurrection du bien, de la paix, du bonheur, de la fraternité, de la dignité, de l'entre-aide, faire aussi des différences une richesse et que l'humain doit se rendre compte aussi qu'il est seul maître de son destin et qu'il n'a

pas d'autre espace que la planète terre, ce n'est qu'à cette seule condition que l'avenir de la planète soit assuré. Toute cette prise de conscience, dont le support fondamental est la fugue sera certainement un départ pour la remise en question des divinités modernes que sont le Dollar, l'Euro, le nucléaire et le pétrole, qui sont reconnues comme les fossoyeurs de la raison et de la planète. C'est la condition principale de la survie de l'espèce humaine.

Slimane, stupéfiait par les tournures qu'a prise l'évolution des sociétés, se met à revêt d'un monde meilleur, un monde dont les fugues se transformeront en voyages organisés pour des objectifs d'entre-aide, de tourisme, de découverte, un monde où l'humain sera accepté là où il se trouve, un monde où il n'y aura plus de «Hadj Lakhdar », un monde où le gaspillage sera banni pour qu'il n' y aura plus de mendiants de sans abris, un monde où les religions se côtoient sans clivage, une planète pour tous les humains sans distinction, un monde où le partage sera roi, où les échelles de valeurs s'établissent sur la base de l'effort dépensé pour faire du bien, un monde sans divinités artificielles, un monde où l'ensemble des espaces seront classés patrimoine de l'humanité, où chaque personne se sent propriétaire. Un monde sans arme, sans domination, sans exclusion, sans bruit, sans oppression, le rêve continu et la vie en rose se défile à travers les méninges de Slimane, qui dans sa solitude lance un défi aux responsables qui gouvernent cette planète en leur demandant d'être capable de mettre leur égo étriqué de côté pour rétablir le monde

dans sa dimension purement humaine, en faisant abstraction de toutes les divergences, il lance aussi un appel aux populations qui forment la majorité de ne plus se faire berner par des discours haineux et de ne plus prendre au sérieux les fausses promesses électorales, qui feront de pas mal d'imbéciles des élus qui ne feront que crées la zizanie par leurs comportements odieux, aux yeux de Slimane les enjeux doivent changer, le monde doit être guidé par la majorité et non par une minorité qui continuera à voir le jour à travers les urnes de vote truqué. Le vote doit être redéfini pour que les faiseurs de bien soient les plus avantagés, que les membres élus des assemblés à travers le monde cessent de voter des budgets de la mort, Slimane continu de rêver en pensant à la création d'un conseil économique international qui aura pour but de mettre en œuvre une politique économique mondiale, après avoir évalué les potentialités terrestres et prévoir leur partage équitable, cette politique doit être appliquée par l'ensemble des pays et le conseil en sera le premier responsable, mais son fonctionnement doit être sans véto; ça pourrait être la première clef des enjeux, car toutes ces confrontations ,ces guerre sont liées aux problèmes d'ordre économique.

Soudain, Slimane, revient à la triste réalité en se levant, il allume son téléviseur pour découvrir les atrocités de la guerre au Yémen où la coalition arabe a commis une bourde en bombardant des milliers de civiles, il découvre aussi l'information relative aux prémices d'une guerre mondiale, la Russie et les U.S.A se mettent à la guerre de

déclarations et à l'exhibition de leur force via leurs flottes de guerre et leurs arsenaux nucléaires. Il découvre aussi que les Etats unis ont mis main basse sur le système internet, tous les réseaux sont contrôlés via des satellites, des milliards d'idées émises sur la toile sont étudiées classées, de l'alimentation en passant par le sexe à la production intellectuelle, le monde est surveillé et à n'importe quel moment, ils peuvent établir une fiche signalétique de n'importe quel pays, Slimane comme dans un cauchemar, il découvre la forme la plus évoluée de l'histoire de la domination. Il se rend compte aussi que son rêve est dépassé et qu'il va falloir repenser le monde en tenant compte de cette nouvelle forme de domination. Cette dernière, qui donne à l'humain l'impression d'avoir une fenêtre ouverte sur le monde en étant assis derrière le moniteur de son ordinateur, fait de lui en réalité un être isolé fragile facilement influençable, avec une discrétion totale combien de jeunes ont étaient endoctrinés par les groupes terroristes, bien avant qu'ils les rejoignent sur les champs de bataille ?

En matière de rentabilité, ce nouveau système est rentable aux seuls pays développés, dont l'information circule à merveille et les activités relatives à la fructification du capital font des moyens informatiques et internet leurs supports préférés, quant au pays sous développés, l'usage de ces moyens ne semblent pas emballés les responsables qui voient en ces moyens des ennemis avérés, car leurs actions sont mises à nues par les réseaux sociaux et leurs

affaires louches sont rapidement connues, l'usage essentiel de ces moyens pour la majorité des gens se limitent aux jeux et beaucoup plus a la « tchat », comme si ces populations ne savent que parler ; pour mieux occuper stérilement les jeunes, on adopte l'expansion à outrance des réseaux via plusieurs générations de portables avec plus d'options au point où les relations humaines ont perdu leurs sociabilité, car elles s'effectuent en dehors des règles sociales pour ne pas dire hors société, elles s'avères beaucoup plus virtuelles que réelles, c'est l'ultime phase de la dislocation des sociétés humaines par les «sociétés d'électrons ». Cet état renvoie à une guerre des plus dangereuses, car il s'agit d'une guerre d'électrons contre les neurones humains.

Fatalement, Slimane se rend compte que les pays dominants usent de tous les moyens, pour maintenir le monde sous leurs emprises. C'est aussi une nouvelle forme de fugue qu'on impose à la majorité de la population mondiale, une fugue de la société réelle vers la «société d'électrons» via des supports électroniques, il suffit juste d'avoir un portable et une puce liée aux réseaux internet pour se permettre une fugue, dont les effets sont latents et quand on se rend compte des effets pervers de telles fugues ,c'est déjà trop tard car généralement les neurones sont affectées et se n'est jamais facile d'y remédier. Les relations humaines basées sur le contact, la discussion, les visites sont remplacées par les S.M.S qu'on envoi durant les fêtes, l'être humain se trouve isolé, la famille éclatée et se met à la

recherche d'autres liens conformes à la « société d'électron». Cette dernière fonctionne déjà avec de nouveaux comportements, on relève à titre d'exemple l'apparition d'une forme nouvelle d'escroquerie, de piratage, de banditisme, de séduction…etc. Dans le cadre de cette évolution rapide, Slimane ne se retrouve plus, il se rend compte qu'il a perdu ses repères et s'apprête avec beaucoup de conviction à opter pour une autre forme de fugue , à la différence de sa fugue par l'écriture celle là lui permettra de partir sans revenir, avec son âge avancé, sa solitude, il décide alors de mettre noir sur blanc sa conviction de fuguer vers la mort et en solitaire, en soulignant qu'il a choisit d'aller rejoindre sa petite fille Houria, il tire alors froidement sa révérence en se tirant une balle dans la tête avec un silencieux, qu'il a jalousement et illégalement gardé depuis la fin de son service national.

Finalement, Slimane ne pouvait pas éviter la fugue, car il a le pressentiment que c'est le monde entier qui est en état de fugue, le terme lui-même a fugué en changeant de connotations, la définition de Larousse semble dépassée, par les formes qu'a prise la fugue. Philosophiquement Slimane a eu le génie de découvrir que l'avenir du monde est dans les différentes formes de fugue, ils les considèrent comme le moteur du changement, car elles incitent à la réflexion et avec cette dernière les sociétés avanceront et même de sa tombe il veut appeler à la fugue , car il a exigé

qu'on place un écriteau sur sa tombe avec la mention: « Slimane le fugueur ! »

Hélas ! De nouveaux défis à relever sont mis en exergue par Slimane, les sociologues doivent orienter leurs recherches vers la compréhension des formes de fugues des sociétés, qui sont en train de changer de statut et doivent définir le statut de l'humain dans ces mutations profondes, les psychologues auront aussi du pain sur la planche car ils doivent changer leur approche dans l'étude des mentalités car ils auront à traiter des cas de maladies liés à ces mutations qui ne sont pas des maladies classiques, en fait c'est les système éducatif dans son ensemble qui est à revoir dans l'optique d'une adaptation aux changements rapides exigés par les « sociétés d'électrons» et par les nouvelles prouesses de l'intelligence artificielle, dont l'impact sur les systèmes de gouvernance et sur l'ensemble des sociétés sera inévitable, en fait l'homme doit se réinventer dans des nouvelles formes de fugues.

" Les crises, les bouleversements et la maladie ne surgissent pas par hasard. Ils nous servent d'indicateurs pour rectifier une trajectoire, explorer des nouvelles orientations, expérimenter un autre chemin de vie. »

Carl Gustav Jung (www.abc-citations.com)

THE DAY AFTER

Avec la généralisation de la fugue, sous le désordre mondial, les fugueurs deviennent une force de changement, ils ont pris conscience de ce qu'ils sont devenus ; ils se mettent alors à s'organiser, à expliquer les raisons de leurs états, hargneusement ils gagnent la sympathie des populations des pays de destination, de plus en plus d'adhérents affichent une volonté inébranlable de changement, sans bruit ils touchent même la sensibilité de certains responsables de gauche, qui leur accordent une vraie sympathie, attirent de temps à autres l'intention des hauts responsables, avec leur volonté, ils arrivent même à forcer le respect des politiciens de droite , comme celui qui parlait de « maison planétaire qui brule, pendant qu'on regarde ailleurs. » Une déclaration de forte intensité pour résumer le chaos dans lequel se trouve l'économie mondiale, qui est source de la procession des fugueurs. Encouragés par ce climat de sympathie, les fugueurs imposent leurs changements et quand les responsables des pays dominants tentent d'intervenir, c'est déjà trop tard car la population mondiale et d'une manière unanime accepte « le changement fugueur ». Dans ce cadre les fugueurs du monde entier s'organisent en établissant un réseau mondial avec un programme qui prévoit:

L'installation du conseil mondial des fugueurs, qui doit piloter l'ensemble des mutations au niveau de chaque nation, composé de toutes les nationalités ce conseil fonctionne sans véto ; toutes les nations sont mises sur un même pied d'égalité. Très active sa composante décide d'arrêter tous les conflits de la planète, qui doivent se régler pacifiquement. Les richesses de la planète doivent se répartir d'une manière équitable, proportionnellement aux besoins de la population de chaque nation. Sous l'égide du conseil mondial des fugueurs, les industries de l'armement s'arrêtent, les casernes sont transformées en théâtres, en hôpitaux, en maisons de culture, en centres de formation …etc. Le service militaire est aboli et la sécurité des Etats est assurée et la paix devient réalité. Dans cette paisible atmosphère, l'homme se meut en frère de l'homme et pour l'unification terrestre la langue la plus parlée dans le monde est adoptée par toutes les nations ; pour les autres chacun l'utilise à bon escient sans soumission, ni humiliation.

Dans ce chamboulement de l'économie mondiale apparait la nécessité d'un retour à la physiocratie, pour absorber le chômage et assurer à chaque citoyen une vie descente. Les paysans se mettent à l'œuvre et l'Afrique redevient ce continent aux produits exotiques. Comme une femme excitée par son amant dans un lit douillet, qui exige satisfaction jusqu'à atteindre l'extase ; la terre exige un travail en profondeur pour qu'elle puisse assurer de meilleures productions et récompensée le labeur de ces

savants paysans. Les animaux retrouvent leur liberté, la chasse est bannie des loisirs de l'homme, les forêts reconquirent leurs espaces et redeviennent luxuriantes et restent un support adéquat pour l'exercice de la loi de la sélection naturelle.

Ainsi, la nature reprend tous ses droits, instaure ses règnes et semble féconder les esprits des penseurs, qui envahissent ses espaces naturels, certains pour les connaitre, d'autres pour matérialiser leurs côtés poétiques ou pour cultiver la sérénité des esprits. Ciel et terre, comme pour consolider le projet des fugueurs décident de vivre en harmonie en respectant les caractéristiques des quatre saisons. Les villes se parent en s'embellissant d'espaces verts, les voitures circulent à l'énergie solaire, absence absolue de pollution et le piéton est interpellé à une pause sous l'ombre de platanes ou d'autres arbres bien entretenus. La nourriture bio s'impose comme modèle de consommation grâce à un marché mondial ouvert à toutes les productions, les produits s'échangent par troc et les dieux Euro et Dollar perdent lentement mais surement de leur aura.

La culture des fugueurs fait son chemin, pour rendre hommage aux fugueuses et fugueurs disparus, le conseil mondial lance le projet d'édification d'une ville futuriste à la mesure des sacrifices consentis, une ville cosmopolite avec une architecture tournée vers le futur et qui comprend des monuments destinés à faire connaitre les cultures des

peuples du monde entier, s'étalant sur des millions d'hectares la ville new look compte une gigantesque bibliothèque gratte ciel, où chaque étage est réservé aux productions intellectuelles de chaque pays et par maisons d'édition, les meilleures selon les ventes et la qualité des ouvrages sont primées chaque année et la palme dans ce cadre revient à Edilivre qui a su encourager l'édition en facilitant les conditions pour tous ceux qui usent de la plume pour fructifier leurs idées. Un autre monument gargantuesque représentant l'histoire de chaque peuple à travers le temps, façon d'imprimer la participation de tout les peuples de la planète à la civilisation humaine et pour effacer le complexe de « la civilisation supérieure » il est inscrit à l'entrée en lettre d'or : « Ici se rencontre les génies des peuples. » on retrouve l'ensemble des hommes qui ont marqué l'histoire des sociétés par leurs esprits, par leurs créations, par leurs œuvres révolutionnaires ; là, le racisme disparait au profit du respect et de la tolérance ; on découvre aussi toutes les inventions qui ont jalonné l'histoire des sociétés et au summum de ces œuvres un tableau portant les noms de toutes les victimes des fugues et à leur tête Houria d'Ath lahwa, une liste par continent , comme quoi chaque région du monde a connu les fugues à une époque de son histoire. Pour les religions, un lieu de rassemblement a été érigé et des panneaux géants représentent chaque religions, on retrouve l'explication des processus ayant aboutit à l'adoption de chaque religion ; toutes les religions sont représentées, on trouve même un

panneau retraçant les caractères de l'athéisme, on trouve aussi un « panneau calendrier » des différentes fêtes et auxquelles participent toutes les nations de la planète conformément aux directives du conseil mondial des fugueurs ; les pèlerinages sont libres et sans distinction de race et de religion. Cette façon de faire donne un aspect respectueux des pratiques religieuses et les retirent des divergences dès fois meurtrières des groupes sociaux.

Une ville futuriste où la couleur verte domine en adéquation avec les espaces verts, toujours en fleurs selon les saisons, les fleurs dégagent un mélange de parfum qui embaume les ruelles, qui vous invite à les allonger à pied ou à vélo et au rythme de mélodies effectuées par le mélange de gazouillement des oiseaux, en été la cigale règne musicalement sur les lieux, en dominant les airs chauds d'une ville où les touristes préfèrent faire leur sieste en plein air. Pour la sauvegarde des lieux les déplacements se font à vélo, ou avec des petites voitures électriques. Durant toute l'année les chercheurs du monde entiers s'agglutinent comme des abeilles autour de pots de sucre devant la bibliothèque en quête d'information et d'échange de point de vue. Au centre ville se trouve l'unique caserne du monde, une structure haute gamme, qui reçoit pour des formations les militants humanitaires, qui s'engagent à servir mondialement en cas de catastrophe. A l'entrée de la caserne un écriteau attire l'attention et permet de savoir que dans ce lieu tout ce qui relatif à la violence, au racisme est banni du jargon de la communication et de l'éducation,

le savoir sur la violence est retenu dans l'histoire juste pour montrer son côté négatif et faire prendre conscience aux gens que la violence est l'un des volets le plus sombre et dramatique de la vie humaine, il ne faudrait plus faire recours à ce support de destruction ; c'est aussi une manière de mettre en relief cet aspect dialectique de la notion de puissance-faiblesse qui voudrait que la puissance se construit sur la faiblesse, les deux sont comme pile et face d'une pièce de monnaie. Il n'y aura pas de nations puissantes sans nations faibles et vis-versa, c'est en fait cette unité des contraires qui a fait de la planète un lieu d'exhibition de toutes les tragédies humaines qui se sont jouées à ciel ouvert, pour juste asseoir la puissance tant honorée par des pouvoirs « despotiques-démocratiques ». Conscient de l'ambivalence qui caractérise ces pouvoirs le conseil mondial des fugueurs tente de mettre fin au fonctionnement des sociétés où les êtres humains croient réussir là où le diable à échouer, dans une quête du bonheur, ils se sont retrouvés bloqués entre le sexe, l'argent, la politique et la drogue. Ces derniers sont les quatre moteurs de perversion des relations humaines ; dont découle l'être humain des temps modernes, qui est devenu par la force des choses ce fou dépassé par son imagination ; au point où l'extravagance qui le ronge lui fait admettre toutes les exactions qui relèvent de l'apologie de la terreur. Insensible à ses défaillances multiples, il continu son naufrage sans se soucier des conséquences désastreuses qui touchent la planète, c'est par la bêtise nommée « Homme »

que des baleines échouent sans vie sur les rives des océans , que l'Amazonie est en train de disparaitre sans incendies, que les humains meurent de faim, que les religions sont devenues sources de divergences et de guerres, que les idiologies ont buté sur le népotisme.

Face à ces situations drastiques et dès fois burlesques, les fugueurs imposent leurs lois, tous les secteurs ayant un impact négatif sur les populations sont suspendus d'activités, celui de l'éducation réorganisé de manière à former l'être humain planétaire, capable d'union, de fraternité et de respect. La culture, sous ses formes multiples devient prioritaire, elle reprend la place qui lui sied dans les sociétés, on assiste à une prolifération de production intellectuelle dans tout les domaines, le « prix fugueur » récompense les plus brillants des créateurs. Ainsi, le monde en fugue s'éloigne de plus en plus des démagogies, de la haine, du racisme, du népotisme et de tout les maux que les mots se lassent de décrire, l'histoire retiendra que beaucoup de sang a coulé, pour abreuver des pouvoirs, qui n'ont su être à la hauteur des estuaires de sang humain qui ont jalonné l'histoire de l'humanité, situation où la haine et la mort ont prit le dessus sur l'amour, doit-on vraiment parler de modernité ?

Pour éviter tout risque, il faudrait mettre à nu les œuvres tragiques de ces pouvoirs sanguinaires, en les conduisant au panthéon de l'horreur, là et devant la maturation des peuples, leurs œuvres atroces tomberont en

disgrâce et elles alimenteront sans aucun doute les poubelles de l'histoire ; des poubelles à classer selon la dimension de leurs sales besognes. Faire de ce passé peu glorieux un élément d'anéantissement du mal serait une œuvre positive ; dont l'édification est l'affaire de tous. « Plus jamais ça ! » à inscrire sur l'entrée du panthéon des ordures, telle est la philosophie du changement prôné par les fugueurs. Ces derniers savent que c'est une œuvre de longue haleine et qu'il faudrait des sacrifices pour réussir le challenge du changement en profondeur des sociétés, car hélas ! L'humain est devenu l'hérésie de sa propre nature ; un constat amère, mais réel où l'humain est apprécié pour ses capacités d'adaptation aux mirages des sociétés modernes qu'à ses capacités d'utilité sociale. Le monde des fugueurs semble dépasser toutes ces situations peut salutaires, pour s'installer dans « le bien et l'amour » ; cette confiance totale en la volonté des fugueurs à instaurer un changement positif irrévocable est vite remise en cause par des gens qui réclament l'authenticité des fugueurs ; ces groupes formés de fous et d'handicapés crient haut et fort que ce sont eux les précurseurs de la fugue.

Les fous disent : « Nous avons toujours refusé d'être des acteurs dans des sociétés inadéquates à nos principes et pour éviter toute confrontation, nous avons opté pour une fugue intérieure, en adoptant la folie nous étions les premiers à fuguer. » Quant aux handicapés, ils appuient l'avis des fous et se disent marginaliser, sans pouvoir, ils ont payé injustement les effets négatifs des

sociétés et comme les fous ils veulent être associés aux pouvoirs.

Les membres du conseil mondial se réunirent en urgence, pour étudier cette rébellion inattendue et ils se rendent compte qu'ils ne peuvent rien faire, car par négligence ils ont laissé les sites des armes nucléaires et chimiques entre les mains des fous, qui les ont accaparés au moment où les membres du conseil mondial des fugueurs regardent ailleurs. Forts de leurs arsenaux de guerre, les fous imposent leurs lois, pour inscrire leur page d'histoire ; appuyés par les handicapés auxquels ils mettent l'administration entre les mains, en rêvant de l'instauration d'une société d'amour. Les handicapés règnent administrativement sur la planète et exécutent à la lettre les directives de leurs chefs, ces fous qui maitrisent technologie et savoir, voient en ces armes des jouets. Tout en délirant ils annoncent l'explosion du globe. Dans leur euphorie de domination et pour prendre une revanche sur l'histoire, ils croient que pour réussir leurs projets, il est indéniablement juste d'instaurer des sociétés en folie ; car pour eux c'est dans la folie que se réalise les plus belles aspirations.

A cet effet ils décident alors de prendre le taureau par les cornes, en aliénant tous ce qui peut entraver leurs démarches. Les premiers à payer les pots cassés sont les psychologues et les psychiatres considérés comme leurs ennemis jurés, accompagnés de l'abolition des filières psychologie et psychiatrie dans l'ensemble des institutions

universitaires. Ils mettent main basse sur l'ensemble des hôpitaux et commencent l'exécution de leur stratégie, les responsables sont les premiers à subir des traitements pour les rendre fou, on leurs fait absorber des médicaments destinés aux fous jusqu'à ce qu'il aient l'habitude et deviennent des consommateurs avérés ; puis ils ne sont plus autorisés à en prendre, là ils rentrent carrément dans le statut des gens fous, de crise en crise et avec le temps ils perdent tous leur conscience en pénétrant le monde de la folie. Toutes les populations du monde ont subi ce stratège et dans un temps recors elles acquièrent le statut des fous. Ce dernier leur donne tous les droits décrétés dans la charte nommée « folie fugue ». Un monde authentiquement en folie ça fait rêver, car la douceur peut être exprimée par la violence, la mort peut devenir joie, les corbeaux blancs et les bourdons des abeilles, un monde en délire où tout peut arriver, le changement du monde se fait désormais par la folie et toute la philosophie de la vie prend un sacré coup, car elle doit être revue en profondeur, pour la connaissance il faut aller dans la profondeur des choses, là où il n' y aura pas de limite, là où règne la folie en empereur, là où les peintres n'auront pas la capacité de reproduire les amalgames de couleurs que la folie use pour produire une unique couleur ; celle de l'humain, là où la folie sera le néant, le vide qui donnent le sens à la vie. Dans ce monde en folie les gens perçoivent la couleur noir de la lumière, comme s'ils sont dotés de la sensation angélique des âmes, dans leur suprême dérision ils sont diables et anges, ils

peuvent souffler le froid et le chaud en même temps, leur désire est plus que passionnel, il est au juste cette source inaltérable d'énergie qui vous amène vers la fusion infaillible des âmes et des esprits et qui vous accompagne dans le mythique labyrinthe de la vie.

Engagé dans ce mouvement de changement, les « fous fugueurs » veulent des résultats illico presto, changer le monde, rendre heureux les gens, rendre l'amour tangible, se faire un nom et donné de l'espoir à tout ceux qui dans leur vie se sentent humiliés, marginalisés...etc. Beaucoup d'objectifs, peut de moyens, ce qui donne indéniablement des résultats éphémères ; face à ce constat mitigé, les fous conscients que seul la recherche peut leur donné des ailes, plus en découvre, plus en avance. Ainsi, ils rassemblent l'ensemble des « fous chercheurs » à travers le monde, ils les répartissent à travers les laboratoires de la planète, avec l'ordre de découvrir tout phénomène qui puisse garantir un changement rapide afin d'extirper l'humain de ce monde immonde.

Les laboratoires ultra modernes se mettent à fonctionner de jour comme de nuit, les travaux sont classés dossier « top secret », jusqu'au jour des bilans ; comme par hasard tous les « fous chercheurs » sont convaincus de l'existence d'un sixième continent, dont l'exploration est nécessaire aux changements ; les résultats sur les cinq continents convergent et les chercheurs sont unanimes et jugent nécessaire d'envahir ce lieu mythique, les méthodes

sont variées, mais l'objectif est le même. Après plusieurs mois de concertation, ils arrivent à opter pour cinq méthodes soit une par continent. La presse en folie se met à se demander de quel continent s'agit-il ? Comment l'envahir ? Que feront-nous sur ce continent imaginaire ? Les populations indifférentes savourent follement leur liberté, elles prennent leurs désirs pour des réalités et ne se soucient guère de leur avenir et la conjugaison est gelée au présent de l'indicatif et la vie n'est que présent ; modulés à faire d'une tragédie une fiesta, les fous de la planète vivent hors du temps, sans repères et meurent presque tous dans le feu de l'action, ils considèrent la vie comme un jeu, qui donne du plaisir et au finish c'est la mort qui se réjouit d'avoir réussit à mettre fin au jeu ; tel un arbitre sifflant la fin d'un match. C'est dans cette atmosphère d'insouciance que les « fous chercheurs » tombent d'accord sur le nom du sixième continents, c'est en fait le « continent aux morts ». Pour l'envahir, il faudrait exterminer la population mondiale, une fin du monde, dans leurs esprits, ce continent est mystérieux, la vie est silencieuse, c'est la paix totale, pour réussir l'invasion il faut faire énormément de bruit pour désorienter ses habitants qui se nourrissent du silence ; ce dernier ne doit pas nous faire peur se disent-ils ! Ils pensent aussi à cette mort qui les élimine un par un et à laquelle ils doivent poser des problèmes en optant pour une mort collective, sur les cinq continents et au même moment, tactique qui ne lui facilitera pas la tâche car des milliards

d'âmes à ôter à travers toute la planète, c'est une aubaine pour mourir en rigolant.

Ainsi, un programme fastidieux est mit en œuvre pour assurer un style de mort pour chaque continent. Les Africains rêvant de voyage, choisissent de mourir sur des bateaux, style « Titanic ». Au jour « J », plusieurs paquebots amarrent dans les ports de plusieurs villes métropoles, les voyageurs en tenues de fêtes, certains guident leurs enfants par la main, envahissent ruelles et boulevards, en direction des ports de chaque ville, d'autres arrivent en voitures avec un bruit de klaxons, traduisant leurs joie de voyage organisé. Les femmes paraient de leurs bijoux traditionnels dansent sous l'effet d'un tam-tam, qui éveillent les sens les plus meurtris de l'humain. Les paquebots ouvrent leurs portails, pour accueillir des voyageurs sans papiers et sans bagages ; à l'intérieur tout est enfin prêt pour le voyage mythique, tout est gratuit, bouffe sur commande, boissons de toutes qualité, chambres de luxe, salle de fêtes avec orchestres, la musique africaine de tout genre, comme le chant des sirènes, elle aspire les foules qui se retrouvent spontanément sur les paquebots à danser et à chanter ; une fois les populations d'Afrique embarquées en totalité, les sirènes retentissent et les bateaux prennent le large de l'océan ; laissant derrière eux une Afrique orpheline de ses enfants. Les animaux souffriront du manque de compagnons. Les couples envahissent les chambres pour s'adonner à l'amour du voyage, le bruit de la musique étouffe les ébats des couples

en extase, les autres s'adonnent à la consumation de cigarettes maison accompagnées de boissons alcoolisées, qui leur donnent cette sensation d'atteindre le nirvana ; les terrasses se remplissent par les admirateurs de l'étendue de la mer et celles des côtes, qui deviennent de plus en plus petites sous l'effet de l'éloignement des paquebots. Ces derniers sont suivis par des nuées de poissons qui happent les restes d'aliments jetés par les voyageurs ; sous l'effet des rayons de soleil qui se projettent entre l'écume des vagues pour laisser apparaitre une multitude de couleurs vives ; que seul les mots de poètes avérés peuvent décrire. La quiétude des fonds marins laisse apparaitre en slalomant quelques requins bleus. Ces derniers se manifestent un par un, pour suivre en les éliminant les proies formées par la riche nourriture que laissent derrière eux les paquebots ; dont les commandants sont pressés d'atteindre les hautes mers. Les fous sur les terrasses changent de tempérament, de plus en plus que la journée tire à sa fin et qu'une brume dense s'accapare d'un ciel serein pour le rendre sombre ; excité par ce changement du temps et sous l'effet de l'alcool consommé à outrance, ils s'imaginent que les requins les invitent à un jeu que seul « les fous fugueurs » savent jouer. Une femme prise au charme du jeu annonce les couleurs en jetant son bébé par-dessus bord, dans un cri de joie et comme les moutons de panurges, l'opération est répétée jusqu'à l'élimination totale des bébés et des petits enfants, qui n'ont pas le temps de crier avant de se retrouver hacher par les durs mâchoires de requins voraces. La prolifération

désordonnée de ces derniers est accentuée par le sang humain mélangé à l'eau de mer. Cette tragédie océanique est rendue plus romantique pour ces fous par les feux des paquebots, que les commandants de bord allument pour annoncer l'avenue d'une longue nuit humide. La musique débordante dont l'écho envahit le ciel sombre d'une nuit tragique, attire les oiseaux nocturnes à densifier leurs plongeants pour une fructueuse chasse. Au fur et à mesure que les paquebots usent leurs dernières gouttes de lubrifiants, les commandants de bord, dont leurs ultimes actions, font une dernière inspection des lieux, en s'adonnant à des fous rires devant le spectacle incongrue d'une population abusée et qui s'offre dans son égarement dans une nudité d'esprit et de corps pour une disparition d'une violence extrême, dans l'espoir d'un changement.

Minuit, les sirènes retentissent et brisent le silence presque absolue crée par l'assoupissement de ces fous d'Afrique ; dont l'énergie fut absorbée par une journée et une soirée harassantes. Dans ce sombre tableau shakespearien, que seul le talent des fous artistes peut imaginer, les commandants de bord font éclater les bombes dissimulées dans les caves des navires, pour en finir définitivement avec cette vie où les abeilles optent pour un suicide collectif faute du nectar qui trahit le miel. Croire en l'envahissement d'un fictif sixième continent ressemble beaucoup plus à ceux qui croient accoster le bon Dieu sur des barques navigantes sur une mer de sang de leurs semblables. L'Afrique se résigna à accepter son sort, ses vastes espaces

furent occuper par les animaux de toute espèce et la sélection naturelle s'impose d'elle-même, les animaux domestiques libres de tout attachement disparaissent sous l'effet des attaques continuelles des animaux sauvages, les forêts et tous les espaces verts sont envahis par des essaims de criquets et perdent leur verdure, les plants s'éteignent sous l'effet de la sécheresse devenue fréquente, les cours d'eau se sèchent et les sables étalent leurs étendue grâce au vent et aux tempêtes répétitives, comme pour pleurer ses habitants disparus l'Afrique devient ce continent où la vie est impossible.

Quant à l'Europe, au moment où les « fugueurs africains » disparaissaient, ceux d'Europe quittent aussi ce monde dans de vastes chambres à gaz, comme pour raviver l'histoire elles ont opté pour une disparition tragique, mais expresse et symbolique ; elles se sont préparées librement pour ce jour infâme, les villes étaient en fête, femmes et enfants dans leurs belles tenues, dans leurs mains des bouquets de fleurs, accompagnés des hommes en costumes de dimanche, comme pour aller à une soirée mondaine. La musique émise par hauts parleurs, les églises offrent leurs ultimes services pour les dernières prières et invitent les « fous d'Europe » à se faire bénir par des papes en perte de crédit. Dans ces funestes chambres, la musique s'emballe, les gens dansent et chantent jusqu'à minuit, les lampes s'éteignent, les portes se ferment et les bouteilles de cet horrible gaz se déclenchent pour créer un brouhaha de différents sons et en peu de temps un silence absolu régna

sur toute l'Europe ; pour marquer une consternation totale. Villes et campagnes vidées, les animaux domestiques dans l'embarras, chaque espèce émet le son nécessaire pour interpeller leurs maitres, mais en vain, comme s'ils se sont rendus compte qu'ils doivent compter uniquement sur eux même pour survivre. Prient au piège de la faim et de la soif, les animaux errent jours et nuits jusqu'à mourir. Les ruelles dégagent une odeur de désintégration des corps. Les survivants finissent par tomber entre les crocs de bêtes sauvages, qui ont finit par envahir les villes à la recherche de proies faciles. Si pour les africains les poissons ont procédé au nettoyage des lieux ; les européens par leurs corps inertes laissés à l'air libre, ils dégagent une odeur nauséabonde que même les animaux affamés n'arrivent plus à supporter. Ces quadrupèdes succombent lentement, mais surement à des maladies qui prolifèrent suite à la décomposition des cadavres, jusqu'à ce que l'odeur des cadavres d'animaux prenne le dessus sur celle des cadavres humains. Le nettoyage se fait lentement, car il ne reste plus que les microbes qui semblent trouver un terrain favorable pour dominer la scène. Dans ce silence mortuaire, vide, ruinée la triste Europe est en deuil indéterminé. Elle attendra une lueur d'espoir qui se dégagera de ses immenses espaces, pour raviver ne serait ce que les couleurs confuses des fleurs de mûriers touchées par la malédiction et qui semblent vouloir accepter de réapparaitre dans cette profonde quiétude de la mort. Au ciel ne reste que quelques rapaces pour embellir les cieux et

semblent tentés par une association aux microbes pour accélérer l'opération nettoyage des lieux. Dans ce macabre spectacle, les mots dépassent en profondeur leurs sens pour dévoiler le délire des « fous fugueurs », qui par leurs imaginations sataniques ont finit de détruire le monde pour satisfaire leurs rêves de changement.

Quant aux populations du continent Américain, en même temps que le reste du monde, elles connaissent la même tragédie, mais en faisant exploser tout l'arsenal d'armes chimiques et nucléaires, façon de ne pas abandonner leur statut de continent suprême, même devant la mort les américains utilisent la grande artillerie pour faire disparaître humains, animaux et végétations. Avec euphorie et en folie extrême les populations du continent américain disparaissent. Elles laissent derrière elles un continent contaminé et un globe doublement meurtrie par un vide extrême et une contamination assurée. Sous l'effet des armes chimiques la décomposition des cadavres s'effectue extrêmement vite et fait des squelettes un engrais nuisible, car il n'est qu'un pollueur des sols en profondeur. Les villes et campagnes en ruines, vidées de leurs substances humaines et animales, elles offrent un tableau d'art que seuls les fous artistes peuvent détecter les traces du passage des « fous fugueurs » par ces lieux. Les pinceaux des peintres seront mis certainement en difficultés, car quelques soient les mains qui les animeront, elles finiront par trembler devant l'importance des dégâts, que même les démons n'arriveront pas à réaliser. Dans les

airs seul le parfum haineux des bombes, avec la complicité des vents nocturnes semble décider à régner sur les lieux en maitre absolu. Les moustiques anéantis offrent à la nature, par leur importante quantité une opportunité d'embellir les linceuls des tailleurs de la mort, proportionnellement à leurs folles convictions d'envahir un virtuel sixième continent, pour assurer un changement durable. Ces convictions désordonnées et factices des « fous fugueurs » appliquées à la lettre traduisent ces vœux pieux de l'humain d'aller au bout de ses convictions, même au détriment de son existence, c'est en fait là le début et la fin de la folie que seul les êtres humains peuvent matérialiser.

Le monde asiatique, fort de sa médecine traditionnelle fait recours au poison pour éliminer tout ce qui bouge sur terre, en même temps que les autres disparus ; cours d'eau, barrages produits agricoles et la totalité des nourritures sont préparées pour tuer, les populations variées, mais avec un même objectif appliquent à la lettre le slogan mondial des fous fugueurs « Mourir pour changer !». Elles laissent derrière elles un continent partageant le même dilemme avec le reste du monde. A défaut de s'unir dans l'opulence les populations du monde s'unifient par la tragédie, une unification rendue réelle par la folie des hommes. Une folie créative de désintégration, mais portant toujours ce grain d'espoir indélébile de l'humain à la recherche de changement et de domination ; tel est l'instinct inavoué, mais fatal de l'être humain. Soucieuses de leurs animaux et pour juger de l'efficacité du poison mortuaire, les

populations du monde asiatique l'ont testé sur les animaux qui ont disparus en totalité, suivis tranquillement par celles des êtres humains. Dans un silence troublant ; les populations d'Asie avec leur authentique sagesse ont cédé au pire, partager avec leurs concurrents d'autrefois le même destin, celui de provoquer la mort et la rendre vivante dans un espoir saugrenu d'envahissement d'un sixième continent, celui des morts, non satisfait de faire référence dans leurs vies de tout les jours aux exploits des morts. Les fous fugueurs frappés par une amnésie cérébrale et poussés par le ridicule s'envolent vers le néant qu'ils pensent capables de dompter, en oubliant qu'ils ont crée un vide planétaire par leurs disparition. Les puanteurs envahissent les artères des villes et les espaces ruraux, au point où les moustiques et les oiseaux succombent à cette ambiance négationniste de la mort. L'Asie, ce continent ; dont les populations sont imbibées de principes conservateurs est soumis par la grâce de fous fugueurs à une dimension abstraite de la vie et de la mort.

Ainsi, elles perdent le sens des deux antagonistes en cherchant de vivre autrement en disparaissant. Dans l'esprit de ces fous ; la vie et la mort sont des sœurs jumelles qui peuvent être manipulées pour asseoir une philosophie de l'existence fusionnelle de la vie et de la mort. Cette vision qui veut faire d'un chaos une renaissance, pose une nouvelle problématique de la folie. Cette folie de domination et de changement qui voit en la mort un support indéniable de l'existence et plus précisément de la

vie, cette folie dont les apôtres s'associent à la mort pour marquer l'histoire universelle de l'humanité, mais sans témoins car c'est une histoire enrobée du vide, qui semble geler le temps et où les mots dépassent en profondeur leurs sens, pour dévoiler le délire des fous fugueurs, qui ne reculent devant aucun obstacle pour mûrir leurs fantasmes et leurs donnés un sens, même au prix de leurs vies. Ce sixième continent des morts que les fous voudraient coûte que coûte conquérir sera-t-il vraiment la dérive d'où jaillira le feu qui purifiera la planète ?

Pour les fous du continent océanique, le destin a voulu que leur mort soit le résultat de catastrophes naturelles, au moment où les américains explosent leurs bombes, des cataclysmes de haute intensité ont touché cette région du globe, dont la population a disparu dans les décombres avec bagages et animaux, ensevelie, la population n'a pas eut le temps nécessaire de mettre au point et d'exécuter un projet d'extinction des populations programmé par les fous fugueurs. La puanteur des cadavres humains mélangée à celle des animaux rend l'atmosphère suffocante, même les masques à gaz ne pourront pas vous épargner le calvaire de ces puanteurs à cause de leur forte densité. Ces puanteurs attirent les rapaces et moustiques juste pour mourir, rien ne bouge, les grandes superficies désertiques balayaient par des vents extrêmes participent à la complication de la situation. Grâce à ces tempêtes de sable, qui viennent envahir les espaces urbains, les corps des disparus sont enterrés.

Ainsi, la planète se vide, un désordre règne sur ses espaces, la nature reprend ses règnes mais dans un environnement en folie. Triste sort crée par l'humain dérouté par son ultime fantasme de partir en conquérant d'un continent des morts en fuguant collectivement vers la mort. Cette dernière harassée par le travail effectué opte pour une pause en attendant de nouvelles créatures pour reprendre du service.

Dans ce chaos généralisé, l'environnement troublé, la planète terre semble drapée dans une tristesse des plus profonde. Un état qui a interpellé les autres astres qui ont couru à son secours, réunis en urgence, ils ont prié les forces célestes à intervenir pour le bien de la terre. Les vœux exaucés, la terre s'arrête de tourner autour du soleil, comme pour remettre en cause la vision de Galilée Galileo et donné raison à l'église. La nuit disparait au profit du soleil, la lune se met en pause pour permettre à la nature de reprendre vie le plus rapidement possible; le ciel dans un élan de solidarité l'arrose d'une manière continuelle d'une pluie purificatrice, qui fait dissoudre toute la quincaillerie laissée par les disparus. Les forêts et les espaces verts reprennent leurs exubérances et laissent pousser des plantes qui dévorent tout le bâtit terrestre. Les mers perdent leur salinité, les déserts se transforment sous l'effet des météorites lâchées par un ciel généreux. Ces météorites donnent du relief à de grands espaces de sable, qui reprennent leurs formes authentiques et deviennent des milieux exotiques que les apôtres du tourisme voudraient

surement exploités. Les plants et les reliefs donnent une forme unifiée aux cinq continents et la terre se pare de sa nouvelle texture florale, dont les parfums édéniques inondent l'atmosphère. Les forêts exubérantes laissent pousser de gigantesques champignons, qui répandent de géants sporanges légers, qui envahissent la planète en se déplaçant par nuées dans un ciel serein, comme des étourneaux en période de récolte d'olives dans un ciel de pays méditerranéens.

Soulagée des dérives de l'humain, la planète libérée s'associe au ciel comme pour s'accoupler et réussir un renouveau invraisemblable. Dans cette mutation extraordinaire apparait « l'homme champignon », l'homme bisexué moitié homme et moitié femme doté d'une colonne vertébrale qui fonctionne comme une fermeture éclaire, qu'il ouvre au moment de l'accouplement et la referme une fois le besoin satisfait, il porte le fœtus dans une poche accrochée à l'abdomen. Cet être phénoménal s'accouple par ventouses interposées, étant hermaphrodite il sonnera la fin de l'adultère sur terre et assurera une filiation pure. Ses mains se transforment en outillage pour le besoin, ses bras deviennent ailes pour traverser un étang ou pour survoler mers et montagnes, il est herbivore et dort en plein nature, une vie simple, bien intégré à la nature qui l'a produit. Dans sa nouvelle parure dame terre, comme pour annoncer aux autres planètes sa joie renouvelée, elle laisse monter dans les cieux ce mélange des parfums d'Eden libéré par son tissu floral ; la lune envahie par ces odeurs,

comme secouée reprend du service et exige de la terre de reprendre son mouvement autour du soleil, pour retrouver leurs équilibres d'autant, car elle juge qu'elle n'a que trop soufferte pour la terre qu'elle aime tant. L'ordre naturel des choses reprend, avec un climat clément et adapté à une planète qui ne voudra plus revivre les cataclysmes qui l'ont presque conduite dans le labyrinthe sans issu, dont lequel l'humain la introduite. La stratégie des « fous fugueurs » n'est en fait qu'un prélude à une prise de conscience d'une nécessité d'un changement radical, qui rendra à l'humain sa vraie dimension d'être social humainement fiable ; les relations interplanétaires conçues dans un cadre équilibré et sans équivoques ne donnent aucun droit aux êtres humains de les bouleverser juste pour la satisfaction de leur égocentrisme drapé d'un opportunisme infâme. Ces distorsions créés par l'humain et vécues par l'ensemble de la planète tend à sonner le glas des sociétés humaines et la stratégie des « fous fugueurs » c'est aussi une manière d'interpeller les gens qui sont aux commandes des affaires du monde de se ressaisir pour que demain ils nous ne dirons pas c'est trop tard.

Au sixième continent, Slimane s'étonne de ce qu'il arrive en prenant acte que cette fugue mondiale vers la mort a pour objectif de conquérir le continent des morts. Il se dit : « C'est comme s'il n'y a pas d'espace à conquérir sur terre et pourtant on ne va pas en conquérants en état de mort, ce n'est qu'une illusion et ça relève d'une hérésie », ne connaissant pas la mort, devant l'exigence

invraisemblable de leurs esprits sombres « les fous fugueurs » ont tenté l'exploit de s'exterminer, en se sacrifiant pour un idéal celui du changement. Ils laissent alors la planète terre se renouvelée dans un environnement où l'amour règne en empereur. Un amour naît de la négation de la vie et de la fertilisation de la mort. Cette aspiration au changement, qui accompagne l'humain depuis des millénaires est devenu un simple rêve chez les fous, qui construisent leurs mondes sur des supports imaginaires, que seul les disfonctionnements des sociétés humaines ont pu produire, en les marginalisant.

On ne naît pas fou ou folle, on le devient et dans ce devenir l'humain échappe à la perception raisonnable et logique des choses, à la vision débridée du monde où la vie et la mort se côtoient dans l'indifférence, où le froid et le chaud se confondent et où les larmes et les sourires n'ont pas de sens.

Ce processus multiforme de la fugue, qui a permit aux fous d'imposer leur vision du monde et d'en être jaloux jusqu'à leur disparition, n'est en fait que l'illustration des résultats des politiques menées par des cranes arides à travers le monde, cette aridité accompagnée par celle des sentiments a permis à la haine et à la mort de prendre le dessus sur la vie est l'amour. Dans un monde au summum de la création, qui a fait de cette planète un village désordonné. Ce dernier connait une banalisation des relations humaines, qui a pour support la désacralisation

de toutes les vertus qui ont animé les sociétés humaines à travers l'histoire, tout en assistant à une sacralisation de nouveaux paramètres que sont l'argent, les banques, la corruption, le pouvoir et la force. Cette dernière se traduit par une course effrénée à l'armement et aux guerres qui éclatent à travers une planète où le banditisme politique occupe une place prépondérante. Le monde squatté par des castes aux commandes des affaires publiques et privées imposent leur oukase à des peuples réduits à des esclaves des temps modernes, qui ne font qu'exécuter ce qui se décident dans des sphères qui leurs sont inaccessibles. Des peuples auxquels on fait appel pour une consolidation de systèmes malveillants à travers des élections souvent truquées, même les relations familiales ont touché le fond, dont la mesure où les enfants imposent leur diktat aux parents, qui n'ont plus les moyens de préserver leurs progénitures des effets d'une mondialisation à outrance. Cette dernière affecte par des systèmes de communication aux supports multiformes l'éducation parentale léguée en seconde zone. Les systèmes éducatifs, universitaires et de formation se retrouvent aussi castrés du pouvoir des enseignants, qui sont réduits à de simples interlocuteurs avec qui les étudiants semblent s'amuser, jusqu'à l'obtention de diplômes souvent sans valeurs. Des doctorats qui foisonnent partout dans le monde, mais qui n'apportent aucun plus à l'évolution des sociétés humaines, surtout dans les pays pauvres où les diplômes sont acquis par des subterfuges souvent malsains et qui propulsent la

médiocrité à tous les niveaux de scolarisation. Ce constat acerbe affecte pernicieusement les autres secteurs de la vie économiques ; où se manifestent à travers le monde une multitude de crises liées souvent à la mauvaise gestion, des genres de vie sont détruits, la misère s'élargie et les fugues se multiplies.

Il est temps de dire basta ! Les peuples doivent militer pour un renouveau mondial où l'amour, la fraternité et la solidarité s'imposent comme supports prépondérants de la vie humaine. L'œuvre à réaliser est une œuvre de longue haleine, qui impose des changements radicaux, qui doivent être menés par les populations jeunes ; pourvu que leurs ainés leurs donnent les opportunités de s'exprimer, mais à voir la réalité ces opportunités doivent s'arracher, car les détenant des pouvoirs surtout ceux des pays pauvres et plus particulièrement d'Afrique veulent tous finir leurs vies sur des fauteuils de gouvernance, ils ne semblent pas intéresser par une passation du flambeau et veulent aussi que ça soit une transmission familiale ; cette obstination à détenir pour une longue période les règnes du pouvoir poussent ces apprentis dictateurs à imposer leurs lois et à devenir sanguinaires par nécessité de domination. Avec les grandes puissances le rêve d'un changement s'apparente à une participation à une soirée dansante de vampires où l'être humain après avoir atteint le nirvana de la valse tombe après l'extinction des lumières dans les bras d'un vampire. Ce dernier se chargera de l'extirpation d'une quantité de sang en ne laissant dans le corps, qu'une partie infime pour

assurer la perpétuation et l'extension de leurs familles sanguinaires.

Cette ambivalence des relations a maintenu la planète dans un circuit infernal de violence, où les populations de nombreux pays ont payé de leurs vies cette sensation hystérique des puissants à réduire leurs existences à des intérêts de systèmes politiques et économiques fondés sur l'exploitation, l'ingérence et la force. Face à cette situation, la vie nous interpelle pour nous ramener à cette triste réalité où l'amour est devenu un leurre, un nuage de sentiments où se perd l'être humain pour se retrouver happer par des chamboulements sociaux pressage d'une éventuelle disparition de l'amour au profit de désirs infinis.

Ainsi, les peuples dans leur quête de changements, doivent s'atteler à l'instauration d'une civilisation de l'amour. Cette dernière doit passer inévitablement par la mise à nu des œuvres infâmes de ces pouvoirs destructeurs en conduisant les architectes du chaos planétaire au panthéon de l'horreur. Là et devant la maturation des peuples de l'amour leurs réalisations tomberont en disgrâce, elles alimenteront sans aucun doute les poubelles de l'histoire. Faire de ce passé peu glorieux une base de l'anéantissement du mal serait une œuvre angélique ; dont l'édification sera l'affaire de tous. « Plus jamais ça ! » inscrit sur l'entrée du panthéon de l'horreur. Les peuples du monde entier affranchis de ces dominations et comme des convertis ils se mettent à l'amour, c'est le printemps

dans tous les domaines, les femmes retrouvent leurs verves avec leurs aimés, la nature fleurit, offre le maximum de fleurs à cueillir comme pour accompagner les hommes dans leurs offrandes, une métamorphose quasi-totale des mœurs, des valeurs et l'amour s'enracine par fructification des paroles, des gestes et des actes bienfaiteurs, qui enfantent de multitudes relations vernaculaires, qui permettent à tous ceux qui aspirent à la civilisation de l'amour de s'embaumer sans modération de la force inébranlable que dégage cette union des peuples. L'histoire retiendra que tout humain est capable d'amour et qu'il est son rayon qui éclaire le ciel sombre des quatre saisons. Les peuples du monde entier doivent avoir cette ambition de mener cette civilisation au point de non retour, où le sourire ne trompe pas, où la parole est toujours vraie et où tous les gestes enrobés de générosité sont sincères. Pour cela, il va falloir débroussailler les voies qui mènent vers la gloire en effaçant cordialement les limites des nations pour que luisent les lumières de tous les espoirs qui fonderont un universalisme sans couleurs, où les mystères n'existent pas, où le génie des fous s'exprimera et où les trônes ne voudront plus de leurs rois.

Comme pour les stimuler et annoncer de plus belle manière que la capacité de l'amour à sévir sur cette planète, qui arrive difficilement à se remettre de la faillite sordide, dont laquelle on voudrait la maintenir est réelle. Une pluie purificatrice invite les gens à s'engager sans parapluie dans cette dynamique humidifiée et féconde de

l'amour pour asseoir définitivement cette noblesse de l'existence. Cette dernière où l'humain soit une source de motivation pour son semblable, où le drame se réconcilie avec le réel, où l'abondance et la générosité des actes ne seront plus fictives. Dans cette atmosphère idoine où les couleurs se confondent pour former une unique couleur, qui surprend les artistes dans leurs superbes sensibilités et qui peinent à représenter cette fusion pigmentaire des couleurs, que seul l'amour en détient le secret. Dans cette ambiance endiablée de la course vers la fascination du bien être et de bien faire, toutes les bourses de la vie flambent au point où la civilisation de l'amour a finit par triompher ; elle s'installe irréversiblement et l'être humain en tant que vecteur de propagation s'active à faire de l'histoire ancienne et proche un nœud nodal pour la réconciliation des peuples. Cette dernière est matérialisée par une repentance nécessaire des peuples dominants pour les opprimés. Effacé les traces de la haine et de la douleur historique, sans pour autant faire passer inaperçu les temps fanés des tragédies vécues ; honoré les mémoires des opprimés ne fera que renforcer les liens d'amour que se tissent les peuples du monde, c'est aussi faire comprendre aux gens que la vie peut se faire autrement et que même ceux qui ne croient pas en Dieu peuvent être happés par cette fabuleuse fascination de l'amour. Un monde où le bruit des armes se taise au profit d'une culture qui propage le parfum sublime de la liberté ; un parfum tonifiant qui rend intense la procréation, qui défie toutes les règles des

espacements des naissances, les hommes dans une forme éblouissante profitent de cette aubaine pour multiplier les joutes sexuelles pour faire des enfants de l'amour. Les relations des peuples baignent dans cet océan d'amour où la haine, le despotisme, la barbarie disparaissent pour laisser place à la fraternité dans la différence, le bonheur, l'opulence dans tous les domaines. La fragilité des peuples disparait devant la force vitale qui les lie et l'implication universelle dans la résolution des problèmes dans un environnement loyal et sans quiproquo, ce qui permettra aussi de maitriser sans doute le destin des peuples rassemblés sans se ressembler pour humer le parfum enivrant de la liberté. Un état fort intéressant qui changera probablement d'avis à Renaud qui dans un refrain d'une de ses chansons il déclaré : « fatigué d'habiter sur la planète terre, sur ce grain de poussière, sur ce caillou minable, sur cette fameuse étoile perdue dans l'univers berceau de la bêtise et royaume du mal, où la plus évoluée parmi les créatures a inventé la haine, le racisme et la guerre et le pouvoir maudit qui corrompt les plus purs et amène le sage à cracher sur son frère. » Ce cri de révolte émanant du dedans des alcôves et résumant tragiquement la bêtise humaine donne à Renaud ce statut de guide des révoltés contre un état irrationnel perfide où la violence, l'angoisse, la corruption et la bêtise sont les éléments de dégradation de l'amour, qui s'il vient d'être altérer, Il devient ce redoutable poison intraitable pour les cœurs. On assiste alors à la généralisation de la culture de l'amour où

la mémoire des riches et des pauvres se confondent dans un temps jalonné par les mêmes repères historiques, qui conduisent l'humain vers la fin. Les gens adhèrent volontairement et la vie devient ce théâtre à ciel ouvert qui unie par ses infinis spectacles pour le bonheur de l'humain, partagé sans attendre en retour, produire, aimer en donnant toujours le meilleurs de soi-même, dans le respect de la temporalité des événements, tout en prenant conscience que c'est à partir du respect de soi que s'impose le respect pour tous, la vie doit être décomplexer, ne donné aux choses et aux actions que leurs vraies valeurs, ne jamais faire d'un chat un lion, la vie est si simple au point où l'humain se trouve dépasser par cette simplicité extraordinaire, pour devenir cet être qui a perdu ses repères et qui confond mort et intérêts, ingérence et aide, pleure et rires, tristesse et joie, amour et haine, c'est cet état de confusion qui a bouleversé le monde en le hissant au summum de l'horreur et comme un pâtissier qui enrobe un gâteau de miel pour le rendre délicieux, l'être humain des temps modernes enrobe cette horreur de politique, pour faire passer la pilule mensongère et élire des gens frappés de paranoïa pour mener inéluctablement cette planète au désastre. Pour en finir avec cet état de déliquescence de la planète, l'être humain doit réapprendre à vivre dans la civilisation de l'amour en réadaptant la nature, convaincu par la nécessité de rendre irréversible cette civilisation, les peuples du monde entier adoptent une loi décrétant l'abolition de l'activité politique au profit de l'activité

culturelle, cette abolition annonce le glas des hommes politiques, elle mettra fin aussi aux divergences et aux mensonges, l'être humain n'a pas besoin de parlote, mais d'actes et de faits pour construire, l'argent dépensé à coups de milliards par des partis politiques, qui enfantent toujours sous des divergences des abrutis opportunistes et malveillants pour présider un groupe de citoyens, qui est poussé souvent vers l'extrémisme et pour la réalisation d'objectifs souvent inappropriés avec les besoins des humains. Dans ces mouvements de changements on assiste à la reconversion des hommes politiques en acteurs économiques, qui se révèlent souvent dynamiques et deviennent grâce à leurs expériences cumulées dans le domaine politique des fers de lance de nouveaux projets humainement utiles, en matière économique on assiste progressivement à la fin de l'épargne, des intérêts et la disparition du système bancaire père de toutes les gabegies, l'argent gagné est utilisé à bon escient, car dépensé proportionnellement dans la consommation des ménages et réintroduit dans la sphère de la production par des investissements directs, finit les politiques inflationnistes, mais aussi les dépenses disproportionnées des classes despotiques grâce à une distribution égalitaire des revenus, tout le monde est inscrit à la même enseigne, d'autres hommes politiques intelligents, quittent la scène sans bruit et s'investissent dans l'écriture, de nouvelles idées philosophiques voient le jour, en sortant des fonds salubres de la conscience humaine. Les idées fascistes et

négationnistes s'effacent pour laisser place à l'amour multiforme, dont les humains ont manqué depuis des millénaires, femmes et hommes dans la même bataille pour s'affranchir de la haine, les armes se taisent et les mots s'emploient énergiquement à guérir les maux, les poètes reprennent du poils et épuisent dans les entrailles des mémoires des rimes adéquates pour accompagner les sociétés engagées dans ce changement partiellement douloureux pour ceux qui rechignent à accepter la voie qui mène irrésistiblement vers l'espoir. Les religions taisent leurs divergences, fructifient leurs points communs et positifs pour asseoir l'éclairage divin qui mènent au paradis, les lieux saints appartiennent désormais à toute l'humanité et deviennent libre d'accès, les institutions politiques telles les différentes assemblées disparaissent pour laisser place à la culture de l'amour qui s'érige lentement mais surement en muraille de toutes les dérives de l'humain, les mœurs et les us de chaque entité sociale respectées et partagées sans rejet par tous, les rudes batailles pour les postes de gouvernance s'éclipsent à cause des revenus homogénéisés avec ceux des autres activités et ne reste que l'amour du métier pour orienter l'humain dans sa vie professionnelle, plus de messie produit par des violences, pour ne plus permettre à l'humain de regarder du haut d'un échafaudage son semblable et souvent avec dédain. Les peuples doivent prendre conscience que la couleur blanche devient noire par disparition, la noire blanche par décoloration et qu'au fond elles embaument la

même physionomie humaine, abreuvée par le sang qui atteste garce aux chondriomes l'appartenance à la même race : celle de l'humain !

Ils doivent aussi prendre conscience, qu'ils doivent se rebeller contre le temps qui se concrétise en les utilisant comme acteurs dans des spectacles, dont il est le seul a avoir la capacité de les faire oublier, lui imposer l'amour comme spectacle, comme mode de vie est une bataille à gagner dans les faits et les idées, l'amadoué pour qu'il accepte d'évoluer dans une ambiance riche en événements positifs et le forcer à accorder aux êtres humains une liberté de faire à la mesure de leurs aspirations, en se débarrassant du temps incrusté dans chaque être humain, pour se concrétiser et le faire participer sans qu'il le sache à l'ordre temporel, l'homme n'a jamais utilisé le temps c'est le temps qui l'utilise, la dimension temporelle est plus que supérieure à l'existence d'un être humain, dans la civilisation de l'amour les êtres humains doivent être les maîtres du temps et non ses esclaves, ils doivent maitriser la dimension temporelle, pour qu'ils soient capable de maitriser leur existence et de faire de l'amour une civilisation des temps modernes. Une civilisation où la beauté prend une autre dimension, appréciée de l'amour elle se découvre dans sa profondeur qui transgresse la vision, pour faire du regard un chant et du sourire un rayon du soleil ; dans une embellie sociale, l'être humain se meut comme un poisson dans l'eau, mais sans risque d'être avaler par ses semblables ; une solidarité sans faille règne,

au point où les caisses de sécurité sociales ferment une à une leurs portes, car leurs raisons d'être n'y est plus sur la planète ; les cœurs se lient, la vérité accompagne le mouvement des lèvres et les rois perdent leurs règnes, car il n'y a plus de peuples qui leur expriment vénération, la simplicité laisse planer son ombre sur la planète pour chasser l'arrogance, la pédanterie et la noblesse étriquée, les richesses se replacent dans leurs vrais contextes et sans regrets les humains les abandonnent par loyauté à l'amour qui les anime. Satan ne trouvant plus d'espace à conquérir, dans un élan de désolation, il change de planète pour préserver son existence. Les humains purifiés par l'amour se retrouvent avec une espérance de vie dépassant toutes les normes, la mort se sentant repousser, laisse la place aux anges pour accompagner les humains dans leurs œuvres bienfaitrices. L'ordre de l'amour règne sur la planète, les cœurs se lient entre eux en donnant l'impression d'exprimer la liaison des âmes accompagnée par la dance des anges, un état idéal dont la description échappe aux vers des poètes et aux pinceaux des artistes ; l'activité humaine devient une distraction, car elle est exécutée avec passion, elle devient le prolongement des humains, dont les corps et les âmes se fusionnent pour imprimer leurs talents dans l'exécution des tâches au point où les divers labels disparaissent au profit du seul label « humain » et la qualité des produits intellectuels et matériels frisent l'excellence.

Ce monde tant rêvé que l'esprit joint aux mouvements de la main, usant d'un stylo pour le concevoir

se brise contre une réalité quotidienne qui nous amène inexorablement à observer la monté des extrêmes, le truquage des élections, des bombes qui éclatent par-ci et par-là, la faim qui continue à tuer, la course à l'armement et tant d'autres événements tragiques, qui laissent les poètes désemparés, car la rime ne trouve plus la douceur, la paix et l'amour dont elle a besoin pour s'édifier ; les peintres mêlent leurs pinceaux à leurs déceptions pour nous fournir de nombreux tableaux sombres, qui traduisent la profondeur de l'abîme que les larmes des peuples n'arrivent pas à combler. Le rêve intimement lié à la réalité et comme pour la taquiner et fuir ses défaillances il lui substitue des chimères, entre le rêve et la réalité l'être humain en rêveur fuyard de ce monde infâme, le translate en miniatures dans la profondeur du sommeil nocturne pour se donner la sensation virtuelle de l'avoir transformé, ou du moins participé à sa métamorphose. La fugue est partout, elle s'installe en reine pour rappeler aux bêtisiers du monde, que tant il y a la vie, il y a la fugue et l'Afrique millénaire, comme une femme fidèle qui ne veut point quitter son charmant marie en panne de vie privée, elle se laisse guider par des vieux séniles, qui font semblant de gouverner, en laissant fuguées les jeunes sur des embarcations de fortune, aux moments où les sbires des pouvoirs profitent de l'aubaine pour grossir malhonnêtement leurs fortunes et en préparant un avenir radieux pour leurs progénitures appelées à perpétuer la domination.

L'occident, aux pays riches, dont l'opulence fait oublier aux peuples leurs mésaventures historiques, comme s'ils ne retenaient comme repères que leurs moments de gloire ; de cette histoire mystifiée émergent des nomenklaturas, qui se disputent la suprématie mondiale au prix de mensonges, de rapines, et d'effusion de sang des innocents. De cet état déplorable apparaissent des philosophes de la haine, qui à défaut de scintiller par de fertiles idées se lancent dans la consolidation de la confrontation par les armes au nom de foules d'idées incongrues, qui prônent l'émiettement des Etats. Ces esprits troublés support du désordre planétaire brillent sous les lumières sombres et corrompues des médias qui suscitent la fascination des Dieux virtuels.

L'Asie, cet autre monde où l'émergence devient réelle et s'effectue sur la réduction du chemin vers la mort d'une partie de ses populations, pour garantir du temps à perdre à de nouvelles classes de riches, qui traduisent malicieusement une ouverture sur un monde qui ne trouve plus l'énergie nécessaire pour contrer la folle fougue de produits asiatiques, qui envahissent les étalages des marchés de la planète. Les économistes déroutés se discutent les indices pour confirmer où infirmer des avis sans impact sur des économies qui souffrent de l'anarchie des marchés, qui n'acceptent plus de concepts qui élucidera leurs secrets. Le reste s'embarque sur le bateau ivre, sans boussole qui tente de joindre la rive et qui risque de chavirer sous un déluge découlant de la fonte des glaces,

causée par la chaleur nuisible dégagée par les activités humaines.

Dans ce vaste monde, où depuis des millénaires le soleil et la lune suivent le même trajet ; le soleil se levant toujours à l'est pour s'éteindre à l'ouest, pour laisser place à la lune ; les deux témoins incontestables de toutes les agitations des humains, qui se déroulent dans les espaces éclairés du jour et des sombres nuits du temps ; le monde se métamorphose pour aboutir à cette diversité de nations crées par l'homme pour marquer de son emprunte faite de croyances, d'illusions, de visions étriquées , fertiles et stériles, de silence, de vacarmes, de tristesse, de joie, de normal et d'anormal ; cette planète qui évolue en enregistrant magistralement les traces indéfectibles des générations comme si elle présentera au moment opportun les vils dossiers des hommes devant le tribunal de l'histoire. Là on découvrira qu'il est anormal de transformer la planète d'humains en nations à drapeau varié, anormal de faire de son semblable un esclave, anormal de vivre dans l'opulence quand d'autres meurent de faim, anormal de préparer un milieu propice aux fugues, quand d'autres sont installés dans un stable confort en profitant de multiples délices que la nature a prévu pour tous et que l'homme à rendu inaccessibles à la majorité. Ces anomalies œuvres de l'être humain ont fini par habitude d'être accepter et de se perpétuer pour associer par anomalie à la planète réelle une planète irréelle où s'exprime toutes les tares des sociétés humaines. C'est finalement entre ces deux planètes

que s'inscrit le monde imaginaire de l'humain et qui se traduit par le rêve, la fugue, la rébellion et tant d'autres horizons irréels à conquérir. C'est dans cette dynamique de va et vient entre le réel et l'irréel que les sociétés humaines ont pris forme, pour accoucher douloureusement dans ce processus éternel les diverses fugues qui conduisent dans un mouvement perpétuel vers la vérité absolue de la mort. Quelque soit les profondeurs et quelque soit les hauteurs que l'humain atteindra, il finira à se remettre à cette amère réalité qui le conduit inévitablement vers la mort, destination de l'ultime fugue forcée, qui rappelle aux peuples du monde entier dans un moment de tristesse la faiblesse des humains ; mais les fourmillements de leur égoïsme, de leur domination, de la destruction qui anime leurs ambigüités comportementales, qui passent sous silence tous les indices qui font que les humains sont frères, pour perpétuer la stratégie des dominations à travers des idéologies qui n'ont existé que par l'effusion du sang, cette culture sanguinaire qui a marqué l'histoire des sociétés et qui continue d'ébranler le monde pour de fétiches politiques des pays dominants est la preuve irréfutable de l'irresponsabilité qui caractérise les humains des temps modernes, qui poussent même le ridicule jusqu'à glorifier des ignominies réalisées au nom d'un ensemble de principes démocratiques que les responsables des pays dominants usent pour déstabiliser tout pays qui ne répond pas à leurs stratégies de soumission. C'est dans cette ambivalence que naissent les plus grands tyrans, qui justifient toutes les

fugues à travers le monde ; les fugues résultent désormais de cette macabre noblesse démocratique propagée d'une manière dramatique par des idéologies qui ne répondent plus aux aspirations des peuples, mais à des aspirations de minorités qui détiennent la majeure partie des richesses mondiales et qui continuent à les sécuriser par des stratèges ignobles, qui ont tendance à inverser la relation seigneurs-serfs, par la généralisation de la corruption, la dilapidation et le banditisme politique dont on ne parle pas. C'est dans ce cadre que le destin de certains pays a été désorienté, par un jeu de destruction programmé hors de leurs espaces géographiques, par des gens mal intentionnés. Cette attitude embarrassante rend cet univers charmeur par son authenticité et décevant par la virtualité de la planète que l'humain construit ; une planète qui le détache de ses pures vertus, pour l'enfoncer dans le labyrinthe d'un univers fait d'illusions sombres, d'espérances irréalisables, de désolations sans limites, d'agitations stériles, de puissances affreuses et où la capitulation des peuples devant l'hégémonie des armes et son corolaire la tyrannie, qui les emmure dans un silence absurde, là où la malédiction humaine prend la place de la bénédiction divine ; comme si dans son euphorie hégémonique l'humain voudrait se proclamer Dieu du mal.

Dans ce délire profond et maléfique de l'humain, sont continuellement ravivés les désirs les plus fous de représenter la planète par une fresque osée, traductrice du seul vœux pieu de faire succomber le bien aux caprices du

mal, dans un environnement où la puissance trahit les peuples, il ne reste plus alors aux gouvernants que de s'ériger en rois dans des démocraties taillées à la mesure de la démesure de stratégies inhumaines et là les mots n'auront plus la force ou le droit de décrire les maux, ces derniers courtisés par des fans impudiques, qui espèrent briller sous la sordide obscurité du temps. De la conjonction des deux planètes authentique et virtuelle, émerge un abîme où se meuvent les sociétés humaines régies par des lois différentes de celles qui devraient sévirent et deviennent par magie des relations caustiques des humains des sources intarissables de fugues. Ces dernières restent le seul dernier acte salutaire pour sauver la dignité, non pour qu'elle soit respectée, mais pour qu'elle soit bafouée sous d'autres cieux dans l'anonymat ; ce choix pudique qui conduit vers des scènes tragiques, qui se jouent souvent dans les nuits sombres et humides des hautes mers ; laisse dans les esprits des gens des espaces abandonnés par les fugueurs une fierté doublée de tristesse pour les parents et les amis. Les fugues deviennent par la force des faits des réalités qui discréditent les sociétés qui les ont produites et celles qui rejettent les fugueurs qui ont la chance d'arriver sur leurs espaces gardés, situations qui mettent à nu le comportement souvent tumultueux des gens sensés normalement leur offrir un baume d'espérance. Là se révèle au grand jour la nature satanique des illusions qui animent les sociétés humaines, où les rives perfides n'assument pas la responsabilité des désastres ; les démons

continuent à s'enivrer du malheur créateur de leurs actes et de la joie absurde de leur puissance, quant aux peuples trahit, dans un silence hallucinant ils se remettent à la patience, qui à travers maitre temps finira par traduire d'une manière violente les amertumes terreurs vécues, au point où la misère et l'opulence se conjuguent au même mode pour exiger de l'amour et du désir de chanter le même refrain : Celui de l'espoir où la révolte serait la seule et unique façon d'extirper la planète des mains de cette minorité créatrice d'affreuses misères.

Rendre cette révolte réelle est une vérité où chacun doit choisir son camp et où le temps doit cautionner les bruits sinistres qui émanent de la guerre des consciences ; une guerre qui doit se faire les yeux fermés pour ne pas perdre le sens de la persévérance face à la désolation sans bornes devant l'intolérable déchéance dans laquelle se dirige la planète, détournée cette dernière de cette traversée où de ce trajet cruel doit être l'œuvre des bonnes consciences, sans elles les mauvaises consciences friseront le crime de l'humanité, que seul les tribunaux de l'histoire peuvent juger.

Quant à Slimane et Houria dans leur silence mortuaire et à travers les envahisseurs, ils continuent à se demander où va la planète ? Cette planète qui a vécu une ère de folie fugue est résignée a évité un cauchemar fatidique qui proviendrait du génie incontrôlable de l'humain où de l'anéantissement des esprits par des ascèses où le conservatisme bafoue la modernité, pour permettre à des castes avilissantes d'émerger en cultivant des amalgames extrêmes qui se nourrissent de la violence ; cette dernière est exploitée pour en faire un support indéniable pour les puissances mondiales pour intervenir dans des pays où leurs intérêts peuvent être remis en cause, cette planète bouillonnante où l'humain est rebuté en seconde zone après les intérêts matériels, devient par la force des événements une jungle où des lions se retrouvent dépasser par des charognards sans valeurs pour créer des réseaux surprenant le plus doué des génies. Corruption, drogue, tueries, homosexualité, détournement de biens des peuples, transfert illégal des capitaux, pillage des ressources d'une manière directe ou indirecte et tant d'autres activités dégradantes forment le tableau peut reluisant dans lequel s'inscrivent les actions des charognards.

Ce décor implacable où les vertus humaines ont perdu leur aura en se conjuguant au passé et avec un risque avéré de disparaitre à jamais faute de « Goual » dont dépend leurs transmission de génération en génération. L'univers cet espace d'illusions, de réel brisé, d'annonces mystérieuses, de gloires dispersées ; attend rédemption pour que ses montagnes ne grondent plus, ses glaciers ne fondent plus, ses mers ne serviront plus de cimetières humides pour des naufragés inconnus et pour que le glas ne sonnera plus pour sa faune et sa flore, qui sont sources d'inspiration et de messages féconds, dont l'humain

s'enorgueillie d'avoir capté et fructifier. Cet univers, dont l'état fait rougir de honte impose à ce que les humains s'accordent pour porter un coup fatal à ceux qui nagent dans les eaux troubles pour faire triompher leurs idéaux en construisant des empires véreux, que le silence complice de ceux qui regardent, en laissant faire saupoudre de remords les esprits éclairés, mais malveillants, qui posent avec acuité l'énigme du devenir. Cultivons l'espoir en soulevant ses torches allumées, pour éclairer les voies des humains égarés, actualisé son histoire en faisant brillé les exploits et en condamnant les dérives ; ainsi, Slimane, Houria et consorts continueront à jouer aux repères actifs de leurs tombes, en déversant leur silence éternel sur des sociétés aguerries à l'écoute des murmures de prières fécondes. Retrouvant son statut authentique, l'humain s'affaire a récupéré le temps perdu pour effacer la peur qui le poursuit depuis le fond des ères. S'affranchir de cette peur ancestrale, être sois même, c'est retrouver cette liberté positive qui servira d'éclairage à toutes les actions de reconstruction planétaire, en tenant compte des échecs répétés qui se sont traduit par les multiples crises qui ont jalonné l'histoire des sociétés humaines. Prendre conscience aussi que les solutions violentes qui ont accompagné ces crises n'ont fait que renouveler ces disfonctionnements sous d'autres formes, serait un pas vers l'abondant des voies qui mènent aux tragédies et les sociétés humaines doivent retrouver ce prestige sociétal qui est le partage géniteur d'une paix durable, à défaut de réussir un développement durable, réussissons une paix durable avec un partage durable, où tous ce qui tue serait abolit, déplacé les objectifs de l'existence de leurs aspects matériels aux

aspects immatériels c'est s'engagé dans une nouvelle civilisation, dont les caractéristiques sont à définir profondément, les penseurs doivent se mettre au travail, car il semble que leurs neurones ont pris un sacré coup de froid devant ce chamboulement sociétal ou la médiocrité a pris le dessus dans tous les domaines, c'est eux qui doivent être les précurseurs de cet avenir voulu radieux, leur obstination doit être ferme devant les chemins escarpés de la réussite où les forces de résistances seront des plus tenaces. La bataille créatrice sera rude et les neurones les plus performantes auront l'impact nécessaire, souhaitons que ça soit celles qui prônent la nouvelle civilisation qui seront à la hauteur de l'événement. L'être humain poussera t-il sa bravoure jusqu'à peaufiner dans le chaos régnant un douloureux accouchement d'une nouvelle civilisation qui résultera d'une rencontre accidentelle d'un ovule égaré et d'un spermatozoïde en folie, une civilisation très ardue, qui nécessite patience et endurance pour l'accompagner par une vision profonde, émaillée de bonheur et d'échange ; qui onduleront les ainés dans leur passé meublé de gloires et les jeunes dans leurs énergies débordantes de fascinations pour la vie. La main dans la main ils marcheront ensemble dans une ambiance bon enfant pour retrouver l'humanité perdue, ils la récupéreront pour lui faire serment de ne plus la laisser filer en devenant ses fidèles ambassadeurs, qui accompagneront la nouvelle civilisation dans sa maturation, en prônant l'utilité des actes, des paroles où le mal sera brimé, ne serait ce en rêvant d'un monde merveilleux où le rêve sera multiple et permis, un troubadour agité se laisse aller dans une oralité bégayante

pour faire entendre le contenu énigmatique de ses rêves en criant si fort :
« Rêver d'un monde merveilleux !

Rêver d'un monde si beau, où disparaitront, à jamais les fleurs de la haine,
Rêver d'un monde si beau, où fleuriront, pour de bon, les roses brimant la peine,

Rêver d'un monde si beau, où disparaitront, à jamais les fleurs de l'égoïsme,
Rêver d'un monde si beau, où fleuriront, pour de bon, les roses de l'altruisme,

Rêver d'un monde si beau, où disparaitront, à jamais les fleurs fades de la pauvreté,
Rêver d'un monde si beau, où fleuriront, pour de bon, les fleurs de la piété,

Rêver d'un monde si beau, où disparaitront, à jamais les fleurs de l'exploitation,
Rêver d'un monde si beau, où fleuriront, pour de bon, les roses du pardon,

Rêver d'un monde si beau, où disparaitront, à jamais les fleurs de la souffrance,
Rêver de l'impossible, pour vivre sereinement mais surtout pour avancer… Vers l'espérance ! »

C'est vers l'espérance que doivent se tourner les efforts des humains pour bâtir cette civilisation où chacun doit retrouver le plaisir de vivre et au troubadour qui a

atteint le nirvana de la parole sensée de gratifier l'assistance de ces vers spontanés : « Plaisir de vivre !

-Poser un regard attendri sur l'insouciance d'un enfant tétant son pouce et être admiratif de ce qu'il représente ; le miracle personnifié de la vie.

-Découvrir le manège d'une abeille survolant les fleurs du printemps qui choisit, de temps à autre suivant une logique qui nous échappe, de se poser sur les plus parfumées d'entre elles pour en soutirer le nectar.

-Se regarder, chaque matin, dans une glace et démarrer sa journée en ayant apprécié son propre sourire et puis se dire, avec un espoir non contenu : La vie continue !

-Se connecter à l'Internet lorsque la chose devient possible et découvrir, intéressé puis bientôt accaparé et captivé, la diversité des idées des gens qui se raccordent à la fenêtre ouverte sur le monde et puis se dire que, finalement, ce monde si vaste devient soudainement si petit par la magie de la toile.

-Telles sont les recettes, simples, pour poser un regard différent sur le monde et donner des couleurs et de l'intérêt à la vie. »

Etre fasciné par ces observations qui semblent banales, mais au sens profond, permet de cultiver cet amour infini pour la vie et les gestes que l'humain est sensé exécuter se feront dans le sens de cette réalisation sensationnelle et puritaine d'une vie exceptionnelle dans un si petit monde.

Etre capable de réduire la planète à un village est une prouesse historique, alors comment ne pas croire à la capacité des peuples à construire une civilisation à la

dimension de leurs talents ? Une civilisation où l'utile se joint à l'agréable pour forger le croyant en l'amour, une nouvelle religion à laquelle doit prendre part les humains de la planète sans équivoque, cet amour qui doit réussir là où les différentes religions ont échoué, faire l'unanimité sur les vertus humaines, assuré un cadre adéquat où les cœurs se joignent aux esprits pour concrétiser cet amour universel, qui parle la même langue, celles des sentiments humains, des sentiments infaillibles qui feront propulser au premier rang des distinctions de la fraternité, l'amitié, la bienséance et le bien faire, tout en remplissant les poubelles de l'histoire des événements qui ont accablé les différents peuples à travers leur existence, de cette façon de faire et de penser jaillira sans aucun doute les lumières du pardon et de la repentance qui feront avancer les peuples dans la même direction, celle de l'espérance et de l'aspiration renouvelée en une humanité sans tares et une civilisation sans bêtises, les penseurs se mettront à la réflexion pour redonner un autre contenu a l'ensemble des langages où les mots comme violence, haines, méchanceté, pauvreté, exploitation, soumission, ignorance, et tant d'autres termes qui traduisent le monde absurde des humains n'auront plus de place ; en réalité la grandeur des êtres humains place cette nouvelle civilisation dans le domaine du possible, pourvu qu'il se mettent d'accord en ciblant les axes principaux de cet univers du possible, un univers où la monotonie n'aura pas de place et où la vie ne sera plus une photocopie pour l'humain, là s'impose le défi à la linéarité temporelle, comment meubler cet espace temporel linéaire sans tomber dans le cercle vicieux de la répétition, en d'autres termes comment assuré une créativité permanente

qui sera capable de créer un désordre positif où chaque humain trouvera sa part de bonheur et chaque génération son indépendance vis-à-vis de l'histoire ?

L'attachement à l'histoire n'est en faite qu'une forme de fugue, qui bloque la dynamique de la vie, l'humain se trouve lier à un passé qui ne lui appartient pas, car il ne résulte pas de ses actions, il est le résultat du labeur des autres, s'approprier l'histoire c'est en quelque sorte faire un hold-up qui traduit l'incapacité de l'humain à assurer sa propre existence, qu'il est aussi guidé par un monde immuable où la mort prend vie, cette dernière est exploitée et parfois mystifiée par l'humain pour donner une véracité à des événements, qu'ils n'est pas capable de justifier où auxquels il n'est pas capable de donner un sens, il devient alors incapable de se détacher de ce passé, qui devient de plus en plus envahissant à cause de la faiblesse de l' humain, qui comme la tortue est condamnée à vivre avec sa carapace. Certes l'humain est un élément historique, mais il doit cesser au moins de s'appuyer sur les morts pour meubler sa vie en panne d'actions utiles. C'est l'ensemble de ces désobligeances auxquelles l'humain doit s'attaquer pour asseoir une nouvelle civilisation, où les vivants seront capables de jouir de leurs libertés pour innover, pour s'amuser, pour refuser des postes de travail qu'ils jugeront inadéquats à leur compétence, de s'insurger collectivement contre l'ignominie, d'encourager les esprits débonnaires à fructifier la joie et le bonheur pour tous, sans haine et sans racisme les populations du monde entier affronteront leurs avenir dans la sérénité. Avec ces conditions, ils ressentiront l'exigence de la vie, sa générosité, sa brève durée et

finalement c'est dans la précipitation qu'ils vivront de peur de ne pas réaliser leurs aspirations, l'inquiétude de vieillir rapidement doublée de l'absence de patience pour la réalisation de leur rêves traduira dans la nouvelle civilisation l'intensité de la force humaine qui est capable d'exaltations et qui aboutira à un univers où l'amour pluriel s'imposera d'une manière pertinente comme règle fondamentale de la science de vivre ; là l'ivresse infini de l'espoir réalisé portera l'humain avec le sourire vers la fin, qui lui fera oublier dans un dernier soupir son existence. Le choc est terrible, mais personne ne peut le traduire, car chaque fin d'une vie humaine est soumise à un silence éternel, un silence non défini, car différent du silence de la vie qui est penseur, rêveur, qui fait peur, qui parle ...etc. Penser ce silence de la fin fera prendre conscience aux humains de la nécessité tangible de renforcer les actes bienfaiteurs qui caractériseront la nouvelle civilisation, car quelque soit le statut de l'être humain, il finira par subir la loi du silence éternel, qui rend insignifiante la durée d'une vie, heureux les gens sages qui s'appliquent vigoureusement à garder le sourire devant la mort qui exécute la fin d'une vie humaine. C'est finalement entre le bruit des cris du bébé et le silence de le fin de sa vie, que s'inscrit la durée de la vie d'un être humain ; c'est entre ces deux points que les humains doivent agir collectivement pour asseoir définitivement les bases de la nouvelle civilisation, s'ils sont vraiment dotés d'une clairvoyance humainement positive, sinon le chaos sera inévitable et les multiples fugues trouveront un climat favorable pour s'intensifier. Il est vraiment temps qu'on profite de l'opportunité qu'on soit humain pour réaliser une civilisation qui tirera les

populations du monde de ce processus chaotique, authentiquement financier, absurdement féroce et saugrenu, car dans l'opulence le génie humain a fait jaillir la misère, d'une profusion de riches théories il retient la spontanéité dans la gestion des affaires , comme si la vie se joue sur un stade de football, ou dans une arène où seuls les murs sont épargnés par les assauts du taureau ; d'une démocratie aux principes clairs il ne retient que ceux qui répondent à ses intérêts et produit par jubilations interposées une multitude de fausses démocraties, aux religions il associe une violence multiforme qui remet en cause les textes sacrés et aiguise les frictions entre groupes humains, qui dès fois s'inventent des raisons absurdes pour mettre en relief leurs forces en se glorifiant de faire de la mort un spectacle, qui sert de meubles aux programmes des réseaux de communication en panne de sujets utiles.

Relevé le défi en dépassant tous ces déchets comportementaux des humains, sera un pas de géant franchit vers le succès de la nouvelle civilisation tant souhaitée. Les choses reprendront leurs justes places, les êtres humains avec les mêmes conditions et dans un même environnement ne compteront que sur leurs capacités multiples pour se frayer un rang honorable dans la société, le respect de tous et de toutes prendra une forme sacrée et la joie se généralisera, au fait de se sentir acteur dans un mouvement collectif de construction d'une planète où la justice sera reine et là les fugueurs seront ravis de savoir qu'ils ont participé à faire bouger le monde dans le bon sens et ils dormiront leur sommeil éternel dans un silence sans fêlures.

« Il ne faut pas croire que c'est facile de s'endormir une fois qu'on s'est mis à douter de tout, à cause surtout de tant de peurs qu'on vous a faits »

Céline (Voyage au bout de la nuit) ENAG 1992

Ma fugue

Moralement, intellectuellement, mais moins physiquement pour raison d'handicape, je suis tenté continuellement par une fugue et à défaut de l'exécuter, je l'ai gardé comme un mystère dans la profondeur de mes neurones. Cette tentation enfouie a crée en moi une forte sensibilité qui ne m'a jamais laissé indifférent aux différentes fugues exécutées par ceux qui osent partir même au dépend de leur vie. Ces aventures forcées directement ou indirectement traduisent un malaise planétaire, ce dernier qui continue à sévir, m'a poussé dans le sens de ma propre fugue, qui est celle des mots pour soigner les maux, car vraiment c'est de maux qu'il s'agit ! J'ai toujours partagé avec les fugueurs de tout bord l'amertume réalité de leurs situations et mes sentiments les plus attristés vont à ceux qui veulent partir, mais ne peuvent pas faute de moyens divers, de santé, de finances, ou à cause de leur attachement indéfectible à un espace avec qui ils voudraient partager l'errance temporelle dans un état de décrépitude, là je pense à l'image diffusée sur les réseaux sociaux montrant un artiste syrien exécutant une dance dans un amas de bâtiments réduit à néant par la bêtise humaine, le comble c'est qu'au moment de l'exécution de la dance, il ne savait pas s'il sera épargné par une balle perdue ou par une bombe qui éclatera, la seule arme qu'il possède, c'est son amour pour le lieu traduit par une offrande de son corps et

de son esprit pour montrer au monde entier que l'humain fera mieux de s'exprimer autrement que par les bombes et les mitrailleuses.

En entamant ma fugue, je me suis rendu compte que le chemin escarpé des lettres et des mots est sinueux, car il fait revivifier toutes les sensations multiples que l'humain a vécu, a observé, a décrié sans échos et qui finira par jeter en pâture des idées que seul les lecteurs peuvent adopter pour vous disqualifier ou pour vous honorer, c'est là le dilemme qui fait que soit en réussit ou on se perd dans les dédales de la médiocrité pour rejoindre les profondeurs de la déchéance verbale, qu'on peut appeler l'abime de la rhétorique stérile. Cette peur particulière que ressent le fugueur agit comme des gardes fous, qui vous obligent à s'appliquer vigoureusement pour ne pas subir les critiques acerbes de ceux qui font de leurs idées des ombres denses, qui rendent l'impact de votre détermination à comprendre et à expliquer objectivement le désordre mondial sans effets ; leurs intentions s'apparentent aux immenses vagues d'une mer agitée, qui viennent s'écraser sur les flancs des embarcations de fortune que prennent les fugueurs, que seule l'ingéniosité du chef de bord extirpe au naufrage. Là s'installe une vraie bataille des idées ne serait que pour tenir la dragée haute devant les diverses hallucinations de ceux qui cultivent la culture de la déchéance. Ma fugue s'apparente à une philosophie de vie, car pour arriver à la fugue par les mots, j'ai vécu plusieurs tentatives de fugues, qui m'ont conduites vers la solitude, car il m'était

impossible de suivre les mauvais chemins de l'environnement troublé, dans lequel on voit des fois des amis (es) qu'on aime et avec qui on a partagé de bons moments formidables nagé à contre sens de leurs principes pour s'accommoder aux avantages peu amènes qu'offre une société en déliquescence. De la sordide volonté de réussir par tous les moyens, nait cette fascination du luxe dans un univers où l'argent semble être une malédiction, car dans la course folle pour l'enrichissement la haine et la mort prennent le dessus dans des sociétés trahies par la phosphorescence d'une mondialisation déloyale et quand le nectar trahît l'abeille, le miel est mystifié et l'abeille est poussée au suicide. A défaut du suicide l'humain s'invente des issues pour garder le sourire dans des situations tragiques. La fugue est l'une des meilleures issues adoptée pour se libérer des actes infâmes de l'humain troublé. Ma fugue s'inscrit dans ce mouvement libérateur que mes mots voudraient concrétiser, en donnant un relief à ma solitude nait de l'amitié corrompue, de la fraternité abusée et de l'amour mutilé, cet aspect tridimensionnel négatif des sociétés m'ont conduit vers l'expression verbale pour éviter de capituler devant l'adversité ; la solitude répudie les amalgames et donne corps à l'esprit pour se frayer une voie vers le bonheur qui prend un sens dans l'acte de fuguer, qui nous conduit vers une vérité absolue et réconfortante, qui est celle de la mort ; cette vérité qui efface en un bref instant le lien qui unit l'homme à son univers, ce passage obligé pourrait être un remède aux diverses imperfections

de l'humain pour se ressaisir et se rendre compte qu'il n'a pas besoin de politique pour saisir et comprendre sa propre dimension. Ma fugue accompagnée de la solitude socialisée sont des sources intarissables qui donnent la force aux mots pour s'affirmer et crier haut et fort leur désarroi face aux œuvres destructrices de l'humain ; les cris silencieux et douloureux, qui donnent un sens à la vie, m'ont permis de forger ma personnalité en développant une carapace protectrice des mirages miroités par les sociétés engluées de toutes les dérives humaines où ne règnent plus le naturel.

La fugue par les mots n'est pas la recherche d'un quelconque eldorado, c'est une manière de mettre en relief des sensations face à des situations qui vous ont marqué et les partagé avec ceux que vos mots croisent silencieusement le temps d'une lecture ; c'est une tentative de porter une estocade à tous ce qui touchent à la dignité humaine, qui vous font souffrir, qui vous blessent dans la profondeur de votre être. C'est aussi donner un avis sur des sujets, que vous ne pouvez pas émettre dans d'autres circonstances, car vous n'avez pas accès aux moyens ou vous vous retrouvez priver du champ d'émission ; une fugue est comme une arme à double tranchant, soit vous trouverez la paix qui vous réconfortera dans votre solitude, soit vous sombrer dans la déliquescence faute de ne pas être compris, ou bien vous vous rendrez compte que votre fugue n'est qu'une chimère et qu'il fallait opter pour une autre forme de fugue ; Les mots s'ajoutent aux mots pour faire taire le sifflement des balles, le bruit d'éclatement des bombes,

stopper l'effusion du sang et à terme faire triompher l'esprit. Ce dernier nourrit par les péripéties de la vie semble englouti par les vulgarités infinies d'un monde en détresse, il accepte alors qu'on lui colle une diversité de qualificatifs tels que : défaitiste, malveillant, vulgaire, abêti…etc. jusqu'au moment où il se fraye un chemin qui le mènera à la gloire, sure de lui-même, il brisera toutes les lames des sabres entre les mains de ceux qui se proclament fossoyeurs de la liberté. Cette dernière en verve comme une averse d'automne arrosera les peuples de la planète, comme pour leur réclamer soutien pour qu'elle devienne irréversible. La fugue par les mots vous permet de changer le monde, d'accéder à cette dimension qui vous permet de découvrir l'abîme fait de mensonges et de vérités qui traduit l'intensité de la force humaine, qui est capable d'harmonie et de chaos ; un abime cloitré entre la nature et les mains qui l'exploitent. Elle vous permet aussi de s'évader dans les plus sombres moments de la vie, elle est une sorte de camisole qui vous évite les coups durs par soulagement et vous donnera cette force de communication inaltérable avec sois même et vous découvrirez que la fugue par les mots est la plus exaltante des fugues, car comme un chercheur de trésors qui défie la nature, le fugueur par les mots défie les événements en recherchant des vérités très édifiantes pour le reste de la vie, car les paroles s'en vont et l'écrit reste. Elle est aussi souffrance, car elle vous tiendra éveiller aux moments où votre entourage est bercé dans un profond sommeil par le silence de la nuit, elle vous

confrontera à divers statuts de la vie que sont : L'absurdité, l'incohérence, l'angoisse, l'ignorance, l'exploitation, la pauvreté, la richesse et beaucoup d'autres paramètres, qui vous pressent comme un citron, pour produire une citronnade à laquelle vous ajouterez du sucre pour qu'elle perde son acidité. Dès fois elle vous fait perdre patience devant l'engouement de l'ivresse infinie des mots qui vous permettent d'achever le puzzle, qui vous ronge les méninges. Vous deviendrez en souffrant cet amoureux impénitent d'un langage excitant, qui rendra aigue votre souffrance, car il vous guidera vers la fascination de tout ce qui effleure vos neurones, de bon et de mauvais, que vous manierez comme une pate à modeler, comme un enfant, vous lui donnerez la forme qui vous convient, mais avec le doute le plus redoutable, qui est celui de faire adhérer le maximum de lecteurs à approuver vos propos. Là vous serez le guide de cette procession des lettres et des mots que vous conduirez inlassablement vers le mausolée de la vérité.

De ce qui précède, les amateurs de ces processions découvriront ce côté alarmiste mis à nu par votre style, mais ils se rendront rapidement à l'évidence que ces processions des lettres et des mots ne sont en fait que le reflet de ce monde déstructuré résultat de la confrontation des forces du bien et du mal, malheureusement l'humain a usé de son intelligence pour faire valoir par tous les moyens ce côté maléfique de l'existence et qui est source de toutes les fugues. La fugue par les mots c'est une façon de tirer la sonnette d'alarme et de dire que l'existence n'est pas vécue

comme elle devrait être vécue et que la spoliation de la vie par la force est une tare de l'humain, la fugue par les mots si elle vient d'être généralisée, elle deviendra ce redoutable ouragan, qui emportera tout sur son passage, c'est dans ce sens que les forces du mal interviennent souvent pour effacer dans le temps les repères qui mènent à la vérité en leur substituant l'irrationnel perfide, tout en procédant à la falsification de l'histoire qu'ils imposent comme maître, dont l'humain est esclave. Cette manière de procéder est une reconnaissance de la force de la fugue par les mots, qui a évolué dans le temps et qui fait des fugueurs un socle sur lequel il faut compter pour faire avancer les sociétés. Pour éviter d'être mises à nu les forces du mal usent de leurs absurdes imaginations pour créer leurs propres philosophes, qui transformeront leurs actes maladifs en splendides barbaries.

A ce niveau, s'inscrit une grande bataille, celle des idées où les forces du mal finiront par être trahit par leurs philosophes, qui se rendront compte qu'on les a dupé quelques part et que la force n'a jamais été à la hauteur de sa gloire et finira par être troublé par les fugueurs par les mots, dont l'obstination est la recherche de la vérité au cœur même du chaos. Dans ce pittoresque chamboulement des événements, les processions des lettres et des mots se renforceront pour donner un sens à la vérité, qui fera de la dignité humaine un nœud nodal des relations humaines et là l'existence devient réelle, car quelques soient les mythes auxquels chacun adhère, il aura toujours cette sensation

d'appartenir à ce monde où l'humain ne baissera pas la tête devant son semblable.

Dans ma fugue, je voudrais que les choses utiles de l'esprit apaisent les cœurs et seront les éclaireuses qui annonceront le printemps universel, mais différent de celui que les fossoyeurs des libertés des peuples appellent avec un vocabulaire restrictif et ironique « printemps arabe », alors qu'ils semaient la désolation dans tous les espaces touchés par ce printemps apocalyptique ; se battre pour que l'amour ne soit plus un leurre et pour qu'il prennent ses formes les plus naturelles, en évitant aux animaux d'envahir les cœurs des humains aux détriment de l'humain, car il est plus qu'injuste que les budgets accordés aux animaux dans les pays « développés » dépassent de loin ceux destinés aux humains dans certaines contrés d'Afrique, j'admet avoir un faible pour les animaux, mais que chaque être soit à sa vrai place, je voudrais que la gentillesse ne sera plus considérée comme une faiblesse et que l'amitié soit un socle universel, d'où jaillira la lumière de l'amour, je voudrais aussi que cessent la jubilation de la force usitée contre des peuples sans défense, je voudrais que le temps s'arrête pour permettre à l'humain d'actualiser ses œuvres en ne retenant que celles qui renforcent les esprits fugueurs, je voudrais que les peuples du monde soient des agriculteurs semeurs de paix, de richesses et de connaissances, pour que l'esprit soit réconforté dans sa bataille contre l'hégémonie et ses corollaires la guerre et les armes. Cet esprit qui deviendra rempart contre tous ce qui

avili l'humain, cet esprit doit nous amener dans la profondeur des choses, là où il n' y aura pas de limite, là où règne l'amour en empereur , là où les peintres n'auront pas la capacité de reproduire les amalgames de couleurs que l'amour use pour produire une unique couleur celle de l'humain, là où le néant et le vide donnent un sens à la vie, là où l'abondance est accompagnée par la générosité des actes pour qu'il n'y aurait plus de démunis, de sans abris, de va nus pieds et de mort affreuse, là où chaque esprit doit avoir les moyens pour atteindre la perfection dans son art, là où les idées s'abreuvent des archives pour libérer le geste qui assurera la tranquillité de la conscience, en faisant de la simplicité une vertu nobélisable. C'est dans ce contexte que naitront les flammes les plus ardentes de l'amour, qui pousseront l'humain à aller au delà de ses forces pour libérer l'idéale couple, celui de la vérité et de la justice et là ! La poésie sera raffinée, car les cœurs des poètes seront sincères, par les lettres et les mots les déserts seront fertiles, l'espoir deviendra réel et la destinée humaine sera poussée dans son dernier rempart pour qu'elle soit fertile grâce aux efforts de l'humain. L'esprit, ce géniteur des consciences, dans un calme serein applaudira ses exploits nés dans la douleur et qui formateront les neurones spoliées par les humains troublés, pour accompagner dans sa mission le couple libéré. Ce dernier dans ses bons moments s'envolera dans les cieux pour briller, façon d'annoncer un vent de révolution, qui mettra le courage des humains à rude épreuve, car c'est toujours dans des luttes douloureuses que

prennent forme les meilleurs exploits, cet esprit de changement devrait nous aider à saisir nos différences dans la diversité naturelle, cette dernière dans un mouvement de continuité nous rappelle sans bruit la permanence de la nature et son statut de meilleur témoin des événements souvent tragiques, que la fugue par les mots traduit en baume d'espoir silencieux, elle reste la meilleure façon de dénoncer, de soutenir et de se rebeller en silence par les mots et de patienter le temps qu'il faudrait pour apprécier la valeur de l'œuvre produite. Une valeur qui sera mise en relief au moment de sa confrontation à la dure réalité du terrain, une confrontation qui fera prendre conscience de ses limites au fugueur et il se rendra compte qu'elles existent toujours et dans tous les domaines. L'une des limites les plus tragiques et celle de l'inquisition des temps modernes, qui a emporté dans son infâme illustration à travers le monde de nombreux créateurs, qui ont payé le prix de leurs œuvres par leurs vies, leurs fugues créatrices ne sont pas vaines, car chacun à sa façon a mis en exergue un brin de vérité, devenu un leitmotiv pour de nouveaux fugueurs engagés à prendre le flambeau et ceux qui dans leurs grandeurs tyranniques jouent les complices des bourreaux seront jugés et condamnés par les tribunaux de l'histoire. Cette dernière retiendra aussi que les fugues par les mots ne sont pas fortuites et que le bon sens voudrait qu'elles soient le moteur de tout changement et que l'espoir est permis même si il est entaché de sang. Beaucoup de drames ont été réalisé sous l'œil silencieux de témoins, qui

dès fois pour plaire aux tyrans applaudissaient, cette complicité qui relève de la faiblesse des peuples face aux lourds moyens dont dispose les familles de tyrans, traduit un relâchement face à la dérive totalitaire, qui fait des complices de probables bourreaux à la recherche de victimes. C'est dans ce sens que les fugues par les mots doivent retirer de ces complicités latentes ceux qui ont baissé les bras par désespoir, né de l'illusion des peuples à ne pas posséder la force nécessaire pour réussir un changement. Continuer à pousser les peuples à faire leur mea culpa devant l'histoire, pour se donner un rendez-vous qui les réhabilitera devant leurs ancêtres, qui ont su relevé les défis aux moments opportuns de leur existence.

Ma fugue est née aussi de cette inquiétude nourrie par les ans, qui veut que les peuples ne trouvent plus d'idoles, mises à part ceux fabriqués par des systèmes politiques en panne de vision, par la fugue, j'ai traversé pleines et montagnes, ciel et mer pour dénicher ne serait ce que par illusion un guide, qui puisse par son charisme prendre la locomotive du changement, en vain les peuples dans leur passivité semblent se retourner vers les morts pour meubler de gloire leur présent et continuer à espérer dans l'indifférence aux sujets politiques de découvrir un messie à la dimension de leurs rêves ; le comble, à chaque fois qu'une lueur d'espoir fraye le ciel nuageux d'automne, un orage s'amène pour saborder le semblant de quiétude retrouvé, les cieux perdent leurs étoiles et les guides brillent juste le temps d'être trahit. Ils disparaissent en laissant les

mots parlés de leurs états, nous renseigné d'où ils viennent et où ils souhaitent aller et leurs donnent un semblant d'existence après la mort, vous aident à vivre plus longtemps, des mots silencieux qui rendent la fugue par les mots agitatrice, quand elle croise des incompréhensions et pour nous montrer qu'elle n'a jamais eut peur, elle étouffe la douleur, dénonce le mensonge, laisse le désir s'exprimer, adore la vérité, dévoile la beauté en adoucissant la tristesse, la fugue par les mots laissent des traces, qui guident l'anthropologue, l'archéologue et tous ceux qui veulent suivre le trajet tant escarpé de dire, mais déroute les tyrans, défait les systèmes, booste les peuples à aller de l'avant pour barrer la route à l'hégémonie des farfelues.

Ma fugue par les mots m'a permis de faire connaissance avec des mots qui m'ignorent et de me détacher de certains que je connais, nos relations ont été biaisées par des expériences tourmentées, que la vie nous a réservées. Dans cette tourmente renouvelée à travers les ans, certains mots m'ont tourné le dos pour ne pas avoir la décence de m'élever au statut qu'ils veulent m'imposer et j'ai fui d'autres pour ne pas accepter de suivre leurs directives souvent étriquées dans lesquelles ils voulaient m'embaumé et j'ai tu des mots que je rencontre par rendez vous, souvent devant un miroir, je les fais parler, je les taquine, les excite au point où ils m'ont permis de ne plus fumer, oui de ne plus fumer ! Car ils ne voulaient plus de mon état efflanqué, ces mots qui m'accompagnent comme une ombre dans ma solitude sont des juges de mes errances,

de mes actes, me torturent et me proposent des évasions un peu plus chaque jour, des mots qui me font rire, qui me font pleurer et dès fois, ils m'imposent le silence pour me ressourcer, dans les profondes nuits du temps ils se comportent en conseillés, ne dit-on pas que la nuit porte conseille ! D'autres mots fuyant leurs amis inadéquats à leur statut, se croisent dans les rues à la recherche d'autres partenaires qui les feront briller en les utilisant à bon escient. D'autres par peur de disparaitre s'invitent dans les pages du collectionneur de mots pour se frayer une place qui les mettra à l'abri le temps de rebondir en étoile, pour faire redécouvrir les espaces qui les ont vus naitre. D'autres mots fous, casseurs de tabous, vous accompagnent dans vos délires, pour vous faire vivre leur ivresse, qui vous tirera de la torpeur mythique des sociétés ; d'autres en amoureux généreux, partagent vos gémissements le temps d'une extase corporelle et le nirvana mental d'une joute sexuelle. D'autres respectant dame sénilité, s'effacent, s'en vont vers d'autres horizons pour retrouver leurs énergies dans la verve d'une jeunesse en action. D'autres vous accompagnent dans vos aventures pour vous faire périr sous l'immensité des vagues blanches des libertés confisquées. Dans des colloques, sure de leurs forces, ils vous invitent à une révolte contre les dérives de ceux qui nous mènent en fausse croisière pour nous jeter dans les entrailles de requins avides, avec des mots qui m'ont donné la liberté de les aligner comme je voudrais, je suis en train de réaliser « ma fugue par les mots », leur union fera sans

doute réfléchir tous ceux qui tenteront de comprendre leur portée, ils convaincront beaucoup d'autres qui n'ont pas fugué de prendre le chemin tonitruant que l'union des mots leur indiquera et l'union des fugueurs changera le monde. Hé oui ! La fugue par les mots n'est qu'un rêve qui nous accorde de prosaïques sensations, qui nous tiennent debout, ne serait ce que pour soulagement, c'est aussi établir amitié avec les mots qui vous aiderons à trouver l'harmonie de l'âme, qui vous évitera de sombrer dans une béatitude sentimentale à réfraction tragique, se frayer une place avec désagrément dans ces espaces squattés; dont on est privé. C'est aussi mettre en veille cette intelligence, qui agira en vermine pour instaurer une insomnie qui occupera les redoutables despotes à chercher solutions à leurs malheurs, par les mots convié spéciale Tsé-tsé à agir impunément, pour changer d'agrément. Ce changement auquel on aspire se fera par la guerre des mots que les fugueurs dompteront pour être rempart aux maux qui nous endorment qui nous avilissent, qui nous détruisent, qui nous exploitent, qui nous rendent triste, pauvre, inculte, ...etc. utilisés par ceux qui ne fuguent pas par privilèges usurpés, par ceux qui tentent de nous faire oublier le présent en nous ressassant le passé, pour nous embrouiller les voies vers l'avenir, nos mots bien mesurés et bien combinés sauront s'érigés en lumières éblouissantes qui nous épargnera les dangers des pièges tendus par des usurpateurs des libertés des temps modernes.

La puissance des mots comblera la faiblesse de l'humain et pour paraphraser l'auteur des misérables nous dirons : « Un jour, espérons-le, le globe entier sera civilisé, tous les points de la demeure humaine seront éclairés et alors sera accompli le magnifique rêve de l'intelligence : Avoir pour patrie le monde et pour nation l'humanité »[1]. à ce niveau la puissance des mots s'avère plus forte que celle de l'humain, car ce dernier n'a pas encore atteint la maturité de réaliser ce que les mots lui proposent, c'est en fait une impuissance déclarée devant la grandeur des mots, ces derniers qui exigent compétence, liberté et qui se faufilent dans les artères sociales, sans que personne ne puissent arrêter leurs mouvements, leurs combinaisons sont les redoutables forces des changements et là où l'humain a échoué, les mots triompheront, ce n'est qu'une question de temps et de patience, cette patience que les mots cultivent dans un espoir silencieux, qui fera prendre conscience aux humains que pour rendre fertile sa grandeur, il faut qu'ils la puisent dans la grandeur des mots. Ce n'est que dans la combinaison juste des mots, qu'il apprendra que ce qu'il l'anime n'est en fait qu'un leurre tels que : la conquête du pouvoir, qui a pour corollaire la violence, l'argent qu'ils considèrent comme le nerf de la guerre et qui est source

---

1/Rapporter par Mazouzi Mohamed : « Hétérotopie salutaires » in le quotidien d'Oran du 24/06/2017 rubrique débat

d'exploitation et de soumission, la grandeur qu'ils se donnent par une puissance mystifiée.

Ce sont tous ces maux qu'il faut guérir par les mots, pour que l'humain égaré ou qui a perdu son humanité revient sur la bonne voie et il se rendra compte qu'on est tous sur le même bateau et qu'il faut beaucoup de talent et d'humanisme pour le mener à bon port, sans laisser personne sur le rivage. Il se rendra compte aussi que quelque soit les hauteurs que l'humain a atteint ou qu'il atteindra, il finira par rejoindre et inévitablement les sombres profondeurs de la terre mère qui la porté toute une vie. Ce monde qu'on voudrait patrimoine de l'humanité changera dans le bon sens, quand les mots qu'on utilise pour communiquer répondront à nos aspirations de changements, des mots qui porteront haut l'étendard de la liberté, qui permettra aux humains de construire leurs destins avec la folie des mots.

La fugue par les mots relève de ce besoin crucial de changer le vocabulaire dominant, qui reflète la situation catastrophique d'un monde en détresse sous l'effet de guerres meurtrières, de calculs financiers mal au point, de gestes infâmes prémonitoires d'une destruction massive du globe sous l'effet pervers de l'usage abusif de la force né d'un chaos d'absurdités causé par des responsables incompétents, véreux, inhumains et spoliateurs. Cet état de fait porte en lui un aspect positif, celui d'imposer à l'humain la nécessité de revoir en profondeur cet édifice

mental bâti sur la combinaison de mots et dont la pierre angulaire doit être revue dans sa dimension la plus infime, qui est le « mot » ; en fait il y a nécessité de rendre à chaque mot son pesant d'or, pour créer cette lumière phosphorescente, dont à besoin le monde pour contrecarrer les sombres et ahurissantes filiales de mots, qui ont accompagné les œuvres abominables de destruction et de soumission. La fugue par les mots relève d'une révolution qui rassemblerait les plumes les plus percutantes pour asseoir un nouvel édifice de mots porteurs d'une riche vision planétaire, où chaque être humain cultivé et créateur plaidera avec des mots justes pour l'instauration d'un monde juste.

La fugue par les mots serait alors cette tentative de poursuivre d'une manière intégrale toutes les pensées négatives pour leurs substituer une armada de réflexions positives, qui fera des mots suivis d'actes un catalyseur d'une renaissance dénudée de fausses notes qui gâteraient la dynamique ambiance silencieuse du changement. Ceci constituera l'aubaine qui rétablira l'humanité dans sa vraie grandeur, celle qui fera de la liberté, de l'amour, de la justice et tant d'autres vertus incommensurables des jalons incontournables d'une planète en perpétuelle mutation. Finalement, la force de la fugue par les mots est d'exploiter le chaos pour lui donner un sens, dont naitra l'espoir qui permettra aux humains d'aller au-delà de leurs faiblesses pour ne retenir que ce qui fait leurs grandeurs ; ces dernières doivent être aussi orientées d'une manière

obsessionnelle vers la concrétisation sans équivoque du bonheur des peuples qui cadrera sans aucun doute avec leurs rêves de vivre patiemment sans avoir l'impression d'être trahit par l'existence. Cette patience doit être celle qui fera prendre conscience aux humains de leur faiblesse avant leur puissance, de leur pauvreté avant leur richesse, de leur souffrance avant leur bonheur, de leur ignorance avant leurs connaissances pour que chaque aspect de la vie soit savouré à sa juste valeur ; c'est ce qu'on peut appeler la réalisation de la plénitude négation du mal.

Dans ces vœux pieux de changement, le temps est toujours là pour témoigner devant l'histoire des sociétés, l'inclure dans nos fugues est un éloge à sa fidélité et à sa présence dans tous les espaces où se meut l'humain ; pour la réussite de nos fugues, surtout celles qui relèvent des mots, il faut s'inscrire dans la fluidité temporelle, car beaucoup d'idées n'ont pu voir le jour, à cause de la disparition précoce de ceux qui sont sensés les matérialisées, s'inscrire dans la fluidité temporelle pour faire barrage aux gigantesques monstres qui s'acharnent à conquérir plus d'espace et à soumettre silencieusement, mais surement une grande partie des peuples de la planète et qu'on appelle communément ignorance, analphabétisme, ces deux monstres, qui font depuis la nuit des temps la joie de ceux qui ont cette grandeur mal placée de pouvoir les utiliser comme moyens de soumission de leurs semblables, ces gens là qui veulent durer dans leurs statut de puissants demeurent les ennemis avérés des fugues par les mots, car

ils savent pertinemment que leurs forces résident dans le réveil des consciences, ce réveil est le seul remède pour éviter à l'ignorance de faciliter le travail de manipulation qui favorise l'expansion des espaces de l'inculture où se joue les plus dramatiques scènes de la vie, conscient de la puissance des mots, ces maitres du monde dans leur acharnement vers l'absolutisme, tentent de donner à l'ignorance un aspect scientifique, dans la mesure où toutes les institutions de formation et d'éducation dans le monde forment au rabais, beaucoup de diplômes, mais moins de connaissances et absence d'érudits, ceci s'opère aussi par un glissement de nombreux espaces universitaires vers le bourrage des cerveaux pour la production de zombies qui serviront de courroies de transmissions aux programmes sataniques concoctés dans les laboratoires de ceux qui croient fermement en leurs génies de destruction de la planète, dont l'arme fatale est l'instauration de l'ignorance comme maitresse des lieux, une ignorance qui devient par la force des événements un paramètre de choix dans le recrutement de dirigeants dont la seule aptitude reconnue et de servir des systèmes politiques huilés dans la gabegie, la corruption et dans un nombre important d'activités non autorisées, ceci dit la fugue par les mots s'avère un combat de longue haleine, qui nécessite la présence de beaucoup de « forgerons de mots », qui doivent être fédérer dans une internationale de fugueurs, pour au moins partager la souffrance de tout fugueur engager dans une bataille sans issue, les fugueurs par les mots engagés dans le sens du

changement doivent être armé de patience, de courage et d'une conviction inébranlable en la force des mots, dont la percussion survie souvent au-delà de la vie des créateurs. Le choix est douloureux, mais quelques soient les tribulations des fugueurs par les mots, ils finiront par triompher et se rejoindront tous au panthéon des fugueurs où les mots se croiseront pour les remercier de les avoir utilisé à bon escient. Leurs combats sont multiples, mais le plus poignant est celui qui vise la libération des esprits, qui sont façonnés par des systèmes binaires fonctionnant sur la base de paramètres contradictoires tel que: dominant-dominé; colons-colonisés ; puissants-faible ; sot-intelligent ; supérieur-inférieur...etc. Ces modèles répondent au fonctionnement d'un système mondial dominant qui utilise une armada de moyens, qui véhiculent d'une manière directe où indirecte des idées subversives, au point où les parties politiques d'extrême droite où les partis qui développent un comportement de rejet des autres pour raison linguistique, religieux, ou de racisme sont des preuves tangibles de la dure réalité à laquelle doivent s'attaquer les fugueurs par les mots. La liberté des esprits passe inévitablement par une prise de conscience de ce qu'on est en réalité ; on est tous des humains et que personne n'est né roi ou savant et qu'on ne choisit pas le lieu de notre naissance, ni celui de notre mort et encore moins nos pères et nos mères, par conséquent on ne choisit pas la couleur de nos peaux. Cette réalité se trouve escamotée par des systèmes de réflexions absurdes qui

cautionnent les idées d'infériorité, de noblesse, de supériorité des humains par rapport à d'autres humains comme s'ils ne se rendent pas tous au Water-closet et ne finissent pas tous et chacun dans un caveau. Ce sont ces bêtises auxquelles les fugueurs doivent s'attaquer, car il n'y aura pas de liberté, ni d'indépendance sans celles des esprits, là l'enjeu est universel, car il faut libérer tous les peuples de cette tragédie de croire à ce qu'on n'est pas, possédé une bombe atomique ne vous rend en aucun cas et en tant qu'humain supérieur aux autres, car la possession d'une arme de destruction massive vous fait sortir par illusion du statut d'humain pour rejoindre celui des despotes, des intouchables, heureusement que la nature est là pour rappeler à ces monstres d'un nouveau genre qu'ils ne sont que des illusionnistes qui finiront le temps d'une agonie de se rendre compte qu'il ne sont en fait que de minable intrus dans le cadre cosmopolite de l'existence et ça sera trop tard pour eux, finalement le monde est malade car les consciences ont épousé des réalités que les humains se sont mis à réaliser, grâce à leurs géniales prouesses de tout genre, mais sans qu'ils se rendent compte qu'ils ont pris les consciences en otage, car ils les ont ôté à leurs vrais statuts; celui des humains. Dans ce cadre, pour s'affranchir, les fugueurs par les mots doivent s'abstenir de faire des compromis, car ils sont des bombes à retardement qui peuvent éclater à tout moment du processus du changement pour le remettre en cause, ceci traduit aussi un manque de discernement entre ce qu'on voudrait et ce

qu'oréalise et là les mots choisit sont entachés d'incertitudes, qui peuvent faire douter le plus téméraire des fugueurs ; c'est dans ce sens qu'il faudrait prendre conscience de la liberté des mots, avant de leurs accorder un espace d'expression qui est celui du changement. Cette liberté doit émaner des profondeurs du subconscient des fugueurs pour lui donner une approche épistémologique adéquate avec la réalité qu'on voudrait transformer. Ce subconscient lieu de toutes les concentrations des mésaventures humaines, doit être formaté comme un disque dur d'un ordinateur pour que la conscience soit libre de tout lien avec le passé peu glorieux des humains. Ainsi, la liberté des mots et des consciences seront les points forts des changements que les fugueurs proposeront aux peuples du monde, des mutations qui se construiront sur l'ouverture, la connaissance la droiture et l'arsenal des règles comportementales sur le civisme, la morale et le respect, les peuples aux esprits libres seront sans doute les premiers à prendre le train du changement contre toutes les volontés des puissants à barrer la voie du changement et là ils seront en conformité avec les rêves des fugueurs, ces derniers seront les lumières qui les sortiront des sombres profondeurs de la soumission et des illusions nourries par tant d'années de prédation, d'humiliation, de souffrance ...etc. pour enfin espérer que les peuples puissent reconquérir leur droit au bonheur.

La liberté des esprits et des consciences sera soutenue par celles des institutions, qui doivent passer

inévitablement par la réinvention de l'Etat. Ce dernier ne doit plus symboliser la force et encore moins un système, il sera juste une institution qui veille aux bons déroulements des relations humaines, à ce niveau le bénévolat doit être de mise et le travail s'effectuera au profit de toute la société, il n'y aura pas de privilèges à obtenir, des assemblés au profit de systèmes doivent disparaitre, pour laisser place aussi au bénévolat pour assurer la transmission des préoccupations des gens à ceux qui sont sensés les résoudre. Prétendre proposer un code de conduite, c'est renier la liberté à laquelle œuvre les fugueurs par les mots, car la liberté des esprits relève beaucoup plus d'une œuvre sociale, dont les conditions de réalisation doivent être propices à la réalisation de cette liberté, qui voudrait que chacun agit selon sa conscience, avec pour limite la conscience suprême, qui est celle de la société. Les fugueurs par les mots s'appliqueront à convaincre les gens de la justesse de ces limites sociales, qui rendent chaque humain responsable de ses actes, ces derniers doivent aller dans le sens de la réalisation du bonheur des peuples, qui n'est rien d'autres que leur liberté, individuellement, le bonheur est de posséder un esprit libre. Liberté qui ressemble à celle d'un pinceau entre les mains d'un peintre qui ne fait pas appel à son subconscient pour la réalisation d'une œuvre, c'est en fait un artiste qui jouit de l'action présente sans se soucier du futur, car convaincu que ses gestes et ses pensées ne seront que le prolongement de son présent bâti sur des faits justes

et bienfaiteurs, le futur qui ne se réalise que dans le présent, il se vit au présent, l'ensemble des calculs et des théories futuristes sont conçues pour être vécues au présent, ce dernier est l'unique lieu temporel où se concrétise le futur et où s'éteint le passé, en réalité la vie n'est que présent et la liberté ne se réalise que dans le présent, le passé où s'inscrit l'histoire est le subconscient des sociétés, l'utiliser pour confirmer l'existence du présent sociétal n'est en fait qu'un aspect réducteur du présent, une perte de temps pour une actualisation des faits réalisés par autrui à un certain présent à eux, le changement primordial que l'humain doit assumer est sa relation au temps, il doit prendre conscience que le temps est une entité globale immuable, dans laquelle il vit au présent, en s'usant un peu plus chaque jour, considérer l'aspect tridimensionnel du temps que les humains qualifient de passé-présent-futur est une imposture de vouloir maitriser le temps, le temps ne se maitrise pas, les humains doivent maitriser leurs actes dans un univers temporel indivise, en gérant leurs actes ils pensent géré le temps, drôle d'illusion, à cela s'ajoute la constance de l'âge de chaque individu, qui de nous ne voudrait pas vivre une éternité ? Mais l'univers de l'existence échappe à l'humain, chaque être vivant se meut dans un intervalle temporel global bien défini, que l'humain appel l'âge, auquel correspondent ses différentes mutations physico-biologiques et ces dernières correspondent aux différents actes de l'existence, dans son illusion de croire à la gestion du temps, il disparait sans

avoir réaliser ses divers besoins, ce qui traduit sa faiblesse face à la globalité du temps, sa disparition le transforme en un autre élément temporel, il passe du statut d'actif à celui de passif, le Carbonne quatorze traduit son statut d'élément temporel passif, les anthropologues, les archéologues nous traduisent le cheminement temporel de leurs existences, mais toujours avec l'illusion de croire à leur capacité de segmenter le temps, mort ou vivant nous appartenons à cette entité temporelle globale, dont les contours échappent à l'esprit humain, d'ailleurs pour remédier à cette incapacité de maitriser la dimension temporelle, les mathématiciens ont fait référence aux notions d'infini négatif et d'infini positif, cette façon de faire leur a permis de trouver des solutions aux problèmes qu'ils posent dans un univers partiel, qui est celui des vivants, la dimension infinie du temps reste une énigme pour l'esprit humain, qui dans les conditions actuelles de l'existence reste incapable de pénétrer le mystère de ce qu'il appelle plus l'infini et moins l'infini, le changement des fugueurs par les mots passe inévitablement par l'appréhension de ce mystère, pour que l'esprit humain et sa conscience soient totalement libre et pour que l'humain puisse vivre sa parfaite situation d'être humain, car il connaitra sa vraie nature et sa vraie dimension temporelle, car l'infini positif et l'infini négatif feront partie d'un ensemble temporel appelé présent, ce n'est que dans ces conditions que les humains iront dans le sens de leur libération totale. C'est vrai que ça relève probablement

d'une vision d'un profane, mais ma conviction en la force de l'humain reste un espoir pour que l'énigme des infinis prenne fin et que l'homme champignon devienne une réalité concrète. Slimane et Houria retrouveront leur vrai statut d'éléments bienfaiteurs dans cette globalité temporelle qui les associe dans leur caveau respectif à l'embellissement de l'univers, morts et vivants unis dans une atmosphère universelle où chacun selon son statut apporte son emprunte pour faire valoir ce changement tant attendu où les êtres humains auront la capacité d'user des biens de cette planète sans porter atteinte aux biens d'autrui, vivre au présent avec rigueur et intelligence, sans égoïsme en laissant dans une continuité temporelle le nécessaire pour que chaque génération vive son présent dans des conditions de vie normales, c'est en quelque sorte vivre sans se soucier du futur, car la planète est capable si elle est bien exploitée de répondre aux besoins de tous et continuellement, l'incapacité des humains à se séparer de l'excès dans tout les domaines les a amené à rendre complexe l'existence et pour y pallier à cette situation de complexité ils se sont mis à planifier, mais la réalité complexe qu'il ont crée leur a échappé, car ils n'étaient pas en mesure de maitriser le temps qu'il croient contenir dans le fil des ans, aux divers paramètres de leurs programmes, ils associent des équations multiples, qui se brisent une fois confrontées à la réalité, on s'est acharné à faire des calculs astronomiques, à créer de gigantesques ordinateurs, à mobiliser de grands esprits, mais comme dirait Jean de la

Fontaine : « On risque de perdre on voulant trop gagné ! » Dans cette aventure vers le gigantisme pour maitriser les problèmes de la vie, les humains ont perdu le sens de la simplicité, qui voudrait que plus on est simple plus on maitrise nos actes et nos problèmes ; c'est vrai que les besoins des sociétés se sont multipliés, mais la sagesse voudrait qu'on fasse beaucoup d'efforts pour les prendre en charge, mais tout en gardant ce paramètre de simplicité dans les actes de partage, de comportement et dans l'usage des biens sans excès et tout en pensant au présent des autres générations, qui n'ont pas d'autres planètes à exploiter et là tous ce qui est nocif disparaitra et on a pas besoin de guerre et tout ce qui va avec pour faire valoir notre existence, la noblesse de cette dernière réside dans la capacité des humains à être utiles les uns pour les autres tout en gardant nos multiples différences, qui font la beauté de l'univers, réinventer l'humain en faisant en sorte qu'il se réapproprie la simplicité dans toutes ses dimensions, avec un éclairage purement humain de son vrai statut.

Fuguer, c'est se permettre des coups de folie, qui nous permettent de concevoir la liberté dans un contexte multiforme où se croisent le stress, la peur, le courage, la tristesse, la joie, la colère et l'intrigue pour s'en sortir avec un peu de chance indemne de l'errance incertaine qui nous guide vers le néant. Ce dernier où prend forme la problématique de la réappropriation de la simplicité et du vrai statut de l'humain, sans cette réappropriation les humains finiront par subir l'apocalypse de leurs

extravagantes actions découlant des décisions farfelues de responsables troublés. Les mots sont là comme expression de sensibilités profondes, qui si elles sont bien exprimées finiront par avoir un impact positif sur le changement tant souhaité, la fugue comme vecteur de changement fait des victimes auxquelles on doit rendre hommage, des victimes porteuses d'éveil et qui attestent le fait qu'après chaque nuit le soleil apparaitra pour éclairer les chemins escarpés qui mènent quelque soit le prix vers la liberté, Houria, Abdallah et tant d'autres fugueurs et surtout ceux de la misère annoncent des perturbations de la planète que seule la sagesse, le dialogue et la liberté peuvent amortir, les victimes sont en fait des lanceuses d'alertes, qui exigent à ce qu'elles soient écoutées et respectées dans leurs ultimes sacrifices, Slimane dans la profondeur de ses réflexions se demande vraiment comment l'humain est arrivé à se frayer la voie des inégalités alors qu'au départ tous les humains naissent nus ?

Cette nudité, qui est communion de symboles et de sentiments que partagent les humains, au départ dans une atmosphère d'égalité, puis elle se métamorphose au fur et à mesure que l'humain prend conscience de sa nudité, incapable de la transformer, il se met alors avec les conditions naturelles aidant (froid, chaleur et d'autres paramètres) à l'escamoter au point où elle se trouve actuellement sacralisée et elle devient un sujet de prédilection des débats idéologiques, religieux et autres, discuté de la burqua ou du niquab, des vêtements en

général c'est remettre en cause la nudité, qui est le point de départ d'une destinée de tout être humain, c'est à partir de ce support que la culture prend forme, que l'humain se fraye un chemin vers sa destiné, cette nudité préoccupante reste le point de départ de la réflexion et de l'action, elle révèle aussi le caractère hypocrite de l'humain qui a tendance à vouloir tout dissimuler, aux différences naturelles ils substituent au fur et à mesure de leur existence des différences matérielles, ainsi la nudité décryptée car pleine de mystère et de confusion, perd sous l'effet de l'action des humains son caractère unificateur pour devenir un point de discorde entre nations, elle perd aussi de sa sérénité car mystifiée par les humains qui croient en une purification par rejet de son état naturel , certes je ne suis pas un adepte du nudisme, car je suis façonné comme bon nombre d'esprits par l'accumulation d'actes et de faits sociaux qui rendent ma liberté limitée ; cependant le statut de fugueur par les mots nous engage dans l'ivresse des mots pour tenter de faire jaillir des profondeurs des âmes sombres, qui nous accompagnent dans le cheminement de la vie la lumière phosphorescente de notre présent.

Fuguer, c'est aussi une manière de briser des tabous qui nous interdisent de voir clairement, comme des enfants frappés de myopie et auxquels l'ophtalmologue prescrit des lunettes selon le degré de la maladie et la fugue est perçue différemment selon le niveau de la prise de conscience de chaque fugueur, une amie artiste me révéla que son ami poète veut fuguer rien que pour assouvir ses bats instincts, comme quoi à chacun sa fugue, mais celle qui élève l'humain au summum de son statut est celle qui s'inscrit dans la réappropriation du vrai statut de l'humain, quant au poète guidé par ses bas instincts, il ne me déçoit pas, car c'est une réaction d'un taré qui a perdu son humanité, d'ailleurs pour être en conformité avec la réalité, il faudrait que rien ne nous déçoive, car la déception reste un état de ceux qui n'ont pas pris conscience de la gravité des événements qui meublent notre présent.

Relevons aussi, que dans le monde moderne le seul moment où la nudité est vécue pleinement, c'est celui de la fusion des corps lors des joutes sexuelles, sinon le reste n'est que nudité commerciale où généralement la femme devient objet de manipulation pour mieux vendre ou pour mieux tromper le consommateur. Cette fugue pour la satisfaction du bas instinct n'est en fait qu'une fugue vers la nudité sacrifiée sur l'autel de faux sentiments ou sur celui du gain facile, là apparait le difficile travail de réappropriation du vrai statut de l'humain sous l'ensemble de ses facettes ; le massacre irréfléchi de l'action des humains dans tous les domaines à pour effet la perte progressive de l'humanité, ceci pose avec acuité le problème de réappropriation de ce qui fait vraiment l'humain dans les meilleurs délais possibles, sinon il faut substituer un autre nom adéquat à cet être d'une autre dimension, auquel l'œuvre de l'humain a abouti ; vraisemblablement sans se rendre compte les humains instaurent d'une manière dramatique une fugue

vers le néant, que certains penseurs, comme pour ne pas susciter une panique qualifient de changement de civilisation. La fugue doit s'inscrire alors dans une traversée multi espace qui doit nous faire découvrir des lieux où la vie s'effectue sans malaise, sans scandales, sans violence, sans opportunisme et où le regard accompagné d'un sourire suffit à l'humain pour projeter la tendresse, la joie, l'amour tout court, avant que la parole puisse exprimer et attester le sentiment projeté ; au croisement des fugues apparait alors ce changement attendu où chaque fugueur doit s'y mettre à accepter le contenu, dont l'objectif primordial est de ressusciter l'humain d'une manière harmonieuse avec son statut. Ce dernier renouvelé n'a pas besoin d'autres qualificatifs pour se mettre en relief, son compagnon « humain » suffit largement à rendre perceptible toutes les sensations qu'il doit générer. Un nouveau statut, dont la passion de faire du bien reste le support incontestable du mouvement de motivation des esprits, qui apprécient la nudité des mots, d'où jaillit la beauté d'une réalité sans maux. Au-delà de cette beauté exaltante, une contamination heureuse par mots interposés s'impose pour l'humanité toute entière, afin de sauver cette planète tant aimée de la dérive, les mots finiront alors de retrouver leurs beautés pour traduire en filigrane les aspects multiformes d'une nouvelle forme de vie adéquate au vrai statut des humains, à l'humanité renouvelée. Un nouveau statut où les drames ne seront que naturels, pensé à atteindre cet aspect incommensurable de la vie des êtres

humains nécessite l'alignement culturel sur des pratiques sociales réfléchies où l'acte de faire du bien sera le fer de lance de la construction d'un nouveau monde, qui reste un défie aux capacités des humains à transcender leurs différences, leurs égoïsmes, leurs hégémonies et leurs haines, qui fera d'eux des êtres libérés de toutes les actions diaboliques annonciatrices d'une destruction programmée de la planète, que certaines réflexions pessimistes traduisent par l'annonciation d'une fin du monde. Cette dernière est justifiée souvent par des changements cosmologiques, qui échappent à la puissance des humains, alors que la fin du monde est à chercher dans les actes irréfléchis des humains en panne de vision purement humaine, la fin du monde pourrait survenir d'une erreur banale qu'un président d'une force nucléaire commettra par exemple en appuyant par nonchalance sur le fatal bouton qui anéantira la planète, un geste comparable à celui d'un pilote d'avion qui appuie par erreur sur le bouton « vidange des toilettes » en plein vole pour saupoudrer de déchets fécaux des gens qui participent à un festival organisé en plein air. C'est des erreurs humaines que se nourrit la fin du monde et non du mouvement des astres qui reste incontrôlable par l'humain, mais qui est capables grâce à ses actions néfastes participer sans le vouloir à l'accélérer dans le mauvais sens, le trou enregistré dans la couche d'ozone, qui a alerté les chercheurs en la matière sur les risques qu'en court la planète et la population mondiale est un témoin incontestable que la fin

du monde pourrait être l'œuvre de l'humain inconscient guidé par l'aventure intrépide vers l'hégémonie dans l'ensemble des domaines. C'est cette amère vérité que les moyens de communications contrôlés par les puissances mondiales passent inaperçue pour éviter une remise en cause de leurs intérêts, dont la réalisation passe inévitablement par l'exécution de scénarios les plus dramatiques de l'histoire de l'humanité.

La dure réalité de l'existence nous impose à réfléchir à rêver d'un changement qui évitera à l'humanité de sombrer dans la déchéance la plus absolue à cause des errements irréfléchis de responsables aveuglés par le pouvoir de l'argent. Le changement doit être porté par tous et non par des individus fragiles sans pouvoirs, comme l'atteste ce premier ministre qui dans l'euphorie de sa nomination a voulu rapidement s'attaquer à ceux qui ont bâti leurs fortunes sur des bases douteuses et litigieuses et qui ont envahies les sphères du pouvoir, dans sa folle croyance en ses pouvoirs, il vient exposer devant une assemblée de représentants du peuple son intention de séparer l'argent du politique, naïvement ou en faisant semblant de ne pas savoir que c'est l'argent qui a projeté ses interlocuteurs dans cet espace qui n'a plus de liaison avec le peuple ; il l'a prit à ses dépend et se fait destituer après quatre vingt jours, ce veux pieux de changement en se volatilisant a mis a nu le fonctionnement arbitraire des institutions d'un Etat, dont les promoteurs ne fonctionnent qu'en se basant sur deux piliers indissociables que sont

l'argent et le gourdin. Les fugues en fait ont presque le même effet que celui de la destitution de ce premier ministre, qui est la mise à nu d'un système planétaire dépourvue d'humanité et de vision adaptée aux vrais statuts des humains. Pour ce qui est de la nature de ce premier ministre, qui est le pur produit d'un système népotique son geste éphémère n'est qu'un moyen de détourner la réflexion sur les vrais problèmes d'un pays au bout du rouleau. Face à cette incapacité de mener le changement des fugueurs, il faudrait espérer ou rêver avec Louis Aragon d'une gomme à effacer l'immondice humaine, soyons au moins clean dans nos rêves, à travers leurs mouvements, les fugueurs donnent l'impression de vouloir arracher la planète à sa situation inconfortable et faire de l'humain une entité universelle dépourvue de racisme, de népotisme, de despotisme et qui luit à des millénaires comme une étoile afin d'éterniser le respect de la vie sous toutes ses formes, pour cela chassons la naïveté de croire que ça se fera sans douleur, car il faut juste se mettre à cette évidence qui traduit l'indécente situation d'une planète digne d'un zoo, dont les plus dangereux des animaux sont frappés par la rage et deviennent par leurs cotés maladifs nuisibles à la vie dans le parc. Cette planète où la mort et l'acte de tuer se vulgarisent d'une façon déconcertante au point où ils deviennent les aspects les plus diffusés à travers l'ensemble des supports de communication, cette planète en souffrance nous interpelle sur la nécessité de ne pas laisser le génie humain accabler

par l'opiniâtreté de ceux qui se nourrissent d'ambitions disproportionnées par rapport à leurs malices vulgaires, rester indifférents à cet état de déliquescence de la planète, c'est s'inscrire sur le registre des témoins complices par indifférence avec les bourreaux et qui vous rend par inadvertance coupable, c'est aussi encouragé les faux dévots à se nourrir de cette complicité, pour faire de leurs rêves des réalités, dans cette atmosphère d'indifférence grandissent souvent les apprentis dictateurs et se mettent en place les fascismes de toute nature ; le dernier auquel la planète est soumise est celui de l'argent, ce dernier s'interfère dans tout les domaines et donnent de facto la puissance à ceux qui ont amassé des fortunes colossales. La prise de conscience de cet état de fait a aboutit à l'avènement de réseaux hors la loi qui amassent des fortunes dans des activités lucratives illégales, avec la complicité de certains responsables véreux ils envahissent les institutions publiques et le pouvoir. Argent et pouvoir font alors bon ménage sous l'œil complice du peuple, qui s'active toujours dans les joutes électorales à envoyer dans les hautes sphères de décisions de nouveaux sbires, qui à défaut de promulguer des lois, ils se mettent à applaudir à celles qui émanent du maitre, mais qui sont les premiers à les bafouer. Cette hypocrisie qui jaillit de l'intérieur des instances parlementaires qui sont censées établir l'ordre social par la promulgation de lois, en veillant à leurs applications traduit le caractère défaillant des Etats, qui sont incapables de promouvoir un développement à la

dimension de leurs peuples. Les multiples formes de fugue se nourrissent par ces défaillances, qui annihilent toute « pensée complexe » chère à Edgar Morin et qui laissent des peuples entiers dans les bas fonds de la dépendance à se soucier des simples actes qui leurs permettent de vivoter, c'est en fait « panser le ventre » avant de faire « penser l'esprit ». Entre les deux s'installent les fugues, la folie, les suicides, et tant d'autres événements malheureux, pour la simple raison que l'humain a perdu sa « pensée simple », sans pouvoir dompter la « pensée complexe ». Le sous développement devrait être le produit de cette situation où les peuples ne pensent qu'à panser le ventre et qui traduit l'état de décrépitude sociétale multiforme, dont sont maintenus beaucoup de peuples de la planète. Les fugues multiformes ont le mérite de nous inciter à la réflexion, pour l'établissement d'un état objectif de la dimension humaine à travers cette planète en souffrance due à des actes infâmes, qui révèlent la douleur humaine sous ses multiples formes

Ainsi, on assiste à l'apparition de nombreux chroniqueurs, qui au quotidien signalent dans un style rebelle les anachroniques actions gouvernementales et sociétales, attiré l'attention, c'est déjà pour eux une révolution, car ils savent pertinemment que le changement n'est pas pour demain et il va falloir des sacrifices énormes, certains (es) payent de leurs vie leurs opinions, car ils osent mettre le doigt sur les vraies plaies qui rangent la planète, comme la complicité du militaire avec des politiques de

mauvaises fois, dans le seul but est d'avoir une grande part de la rente et avoir en permanence les règnes. Le comble de l'histoire c'est que les minorités imposent leur statuquo à des majorités, qui restent passives devant le désarroi, dont lequel elles sont maintenues, tout en payant les erreurs commises par ceux qui profitent le plus des rentes. Le changement ne peut s'effectuer que s'il y a une prise de conscience planétaire, qui nous permet d'être : « les pères de nos vies, de l'amour, de nos plaisirs, partant de nos œuvres, peut-être de nos erreurs, mais de la liberté en tout cas, dont nous tracions le nom comme celui de la dernière idole, dont nous pensions qu'elle est à prendre, que nous allions la conquérir nulle part ailleurs que dans le monde ! »[2]

La même sensation pour la paternité de la planète et de l'humanité doit s'appliquer aussi pour les mères, ce sont ces relations dont ils n'y a pas plus denses et plus chaleureuses qu'on doit établir pour réaliser le changement attendu, en étant responsable de nos actes. Ces relations ne doivent pas répondre dans leur fonctionnement au fondement kafkaïen de la paternité, pour assurer une pérennité au changement, avec une application stricte des règles fondamentales qui doivent régir les relations humaines et éviter aussi des rebellions qui se traduiront par la perpétuation des fugues. Cet amour maternel et paternel de la planète et entre

---

2/ Bertrand Leclair/ Petite éloge de la paternité/ édition Folio

humains sans distinction de race, de religion reste une nécessité, qui permettra de relever les défis qui s'imposent à l'humain dans tout les domaines, une ambiance familiale à grande échelle où le bonheur est vécu par tous de la même façon , dans des cultures différentes, mais dans des conditions matérielles et financières équitables, nul n'est roi et nul n'est sujet, les êtres humains savoureront leur vie sans se sentir président, responsable, ou autres qualificatif qui élèvera l'humain au dessus de l'humain jusqu'à ce qu'il devienne despote ou avoir la sensation d'être supérieur . Cette osmose humaine finira par triompher, car il nous semble judicieux que les humains réapprennent à vivre en famille, avec comme langue cet amour qui défiera ce monde absurde. Cette absurdité résultat d'une longue histoire des sociétés humaines, qui veut que plus les sociétés avancent, les humains perdent un peu plus de leur humanité, cette ambivalence devenue grotesque en ces temps modernes, où les fugues s'imposent comme moyen d'éviter la mort, l'humiliation après avoir tout essayer.

Ces fugues salvatrices par leurs effets ont déshonoré de nombreux Etats riches en les bousculons à faire valoir l'agressivité à la place et lieu de la générosité devant de faibles adversaires qui ne demandent que secours; sans se rendre compte que le principe de Sénèque qui dit : « plus vive est la torture, plus grande sera la gloire » sied parfaitement aux fugueurs, cette gloire réside dans cet espoir à changer le monde en éveillant les consciences, pour se rendre compte que l'importance d'une nation ne dépend

pas de sa force de nuisance, mais de sa générosité vers autrui, c'est simple de raser tout un territoire en le bombardant, mais c'est difficile de construire une ville pour améliorer le genre de vie des habitants, c'est facile pour un Etat de commettre un génocide, mais ce n'est pas facile d'aider un peuple à promouvoir sa vraie culture ; ces fugues ont montré aussi et tout en paraphrasant Sénèque : « Que jouir d'un bonheur constant et traverser la vie sans que rien ait froisser notre âme, c'est ne pas connaitre la seconde face des choses humaines. » , c'est le cas de ces pays riches qui se voient sur le toit du monde, alors qu'une poignées de fugueurs sans armes et sans bagages ont crées de folles nuits d'insomnie aux responsables à réfléchir aux chevaux de frise à mettre en œuvre pour arrêter l'invasion. Tous ces événements découlant des fugues sont de très bons augures pour la planète, car les fugues s'imposent comme solutions pour ses malheurs et ceux de l'humanité toute entière. Les fugues demeurent des solutions adéquates, car elles s'inscrivent dans une dynamique de transformation multiples, ces mouvements de populations traduisent cette aspiration au mieux être, quelque soit le prix à payer, mouvement confortées par une prolifération de réflexions qui remettent en cause l'état de fait de la planète menacée par les actions déstabilisatrices des puissances mondiales. Ce marasme planétaire est le fruit des différentes contradictions enregistrées dans la gestion des Etats dans le temps, pour s'en rendre compte rapidement j'emprunte à Jacques

Julliard un passage de sa réflexion dans le nouvel observateur de juin 1988 est qui reste d'une actualité certaine il écrivit : « A qui, débarqué d'une autre planète, voudrait goûter en une seule soirée à toutes nos névroses d'aujourd'hui, on ne saurait conseiller plus rapide initiation qu'un match de football. Il y trouverait réunies la plupart des maladies sociales dont nous souffrons : la violence, la triche, le fric et l'ennui. » Une synthèse de faits généralisés actuellement et qui poussent les gens à fuguer pour éviter de rester dans le même endroit, car comme dirait L.F Céline dans « voyage au bout de la nuit » : « A mesure qu'on reste dans un endroit, les choses et les gens se débraillent, pourrissent et se mettent à puer tout exprès pour vous. » Là, les fugues trouvent vraiment le support objectif qui les nourrit et qui fait qu'il ne faut pas rester là où ça sent le soufre, car on suffoque rapidement et on risque de disparaitre sans laisser de traces, mais les fugueurs sincères dans leur union doivent se comporter comme « l'union des hommes sincères qui ne doit pas être un outil entre les mains des impurs, elle doit être une force qui fera trembler ceux qui ont une conscience troublée » [3]

Quant aux autres à défaut de ne pas pouvoir fuguer, ils doivent éviter les trahisons, car comme l'écrivit B.

3/ Parole d'Ali Zamoum (Un grand personnage à qui je voue respect et gratitude pour m'avoir initié à l'écrit journalistique, quand il était rédacteur en chef du journal régional « Tammourth », publié à Tizi-ouzou

Hamidèche dans sa chronique du quotidien « le matin »du 23/11/2003 : « Les grandes trahisons commencent toujours par la vertueuse posture de l'indifférence, généralement désigné par les vocables de la « neutralité » ou le « détachement ». Ce sont ces attitudes intellectuelles confortables ou le mutisme a le beau rôle et qui soustraient à l'opinion des témoignages accablants sur les turpitudes des princes, qui font le lit de la compromission passive. » Dans le sillage des fugues que j'ai humblement abordé, je me sens comme un désœuvré, dont l'écho de sa détresse se perd dans les dédales du néant ; pour me donner cette perception du néant qui se confond à Dieu, ou Dieu n'est que néant ! Cette infinité inextricable qui échappe à l'humain et qui lui fait perdre l'appréhension de sa propre nature, pour devenir dans le laps de temps de son existence, cet humain multiforme qui souffle le chaud et le froid selon le présent vécu, afin de faire germer la compassion forcée de leurs adversaires. Les fugues se trouvent alors secréter par ce vécu embrouillé, qui à défaut d'inviter à la réflexion pour se hisser à la dimension mythique de l'humain, il le force par sa complexité à la fugue, pour se prémunir des diverses névroses sociétales et planétaires induites par ceux qui ont l'illusion aveugle de pouvoir occuper le néant et ou de lui donner cette force implacable qui fait d'eux des héros sans gloire, car ils n'ont pas d'adversaires à la dimension de leurs moyens. A cet effet, la citation de Sénèque : « Le gladiateur tient à déshonneur d'avoir en face un trop faible adversaire ; il sait qu'on triomphe sans gloire quand on a

vaincu sans péril. » Leur sied bien ; néanmoins et à leur différence le gladiateur de Sénèque à prit conscience de son combat sans gloire et il est triste après le combat ; tandis que ces illusionnistes se vantent par médias interposés du succès de leurs opérations macabres et usent de tout les moyens drastiques pour rendre leurs adversaires plus faibles, pour mener la planète ou la nation vers la dislocation, ils finirent par ériger la peur comme mode de gestion et méthode de gouvernance.

Les fugues jouissent d'une solvabilité extraordinaire, car elles véhiculent en elles de multiples vérités que les chercheurs dans toutes les disciplines des sciences sociales doivent appréhendées, pour découvrir que les fugues sont aussi porteuses de richesse, contrairement à certaines idées négatives véhiculées par les philosophes de la haine, l'idée qui me réjouit beaucoup, c'est quand je pense que les fugues peuvent être un vecteur de rajeunissement des populations du vieux continent, qu'est l'Europe, un rajeunissement riche, multiculturel, multiracial et multiconfessionnel, ça sera la nouvelle force du continent européen, si les esprits de bonne volonté travailleront dans le sens d'une intégration positive ; il va falloir éclairer tout les horizons pour ne pas laisser place aux pessimistes de noircir la matrice des relations humaines.

Les fugueurs par les mots, qui ne reconnaissent pas les frontières, car les mots s'en vont comme le vent pour créer des tornades sociales à la dimension de leurs champs de

résonnance, une fugue de dimension universelle où les mots permettent aux fugueurs d'atteindre d'autres espaces où ils peuvent émettre sans humiliation des vérités qui puissent être des moteurs de changement, à ce niveau je ne peux m'en passer de rendre un vibrant hommage au poète irakien Ahmed Naimi exécuté récemment pour raison d'écriture non adéquate avec les idées de ceux qui établissent des limites aux mots qui veulent guérir les maux. Un symbole pour tous les fugueurs qui veulent changer le monde, un indice important qui traduit la peur que véhicule la fugue par les mots, dans les espaces de ceux qui usent de tout les moyens pour réduire au silence des plumes révoltées conduites par des consciences éveillées ; ces dernières que nulle puissance n'évincera car elles sont porteuses de vérités triomphantes avec des mots qui se propagent comme l'éther, insaisissable et accède à tout les espaces, pour exemple de la résistance des mots structurés : On me baladant dans un souk hebdomadaire à Tiaret où j'ai l'habitude d'y aller dénicher quelques ouvrages importants étalés parterre et couvert de poussière par des humbles personnes, qui probablement ne connaissent pas leurs valeurs ou poussés par le besoin et qui les vendent à bas prix. je fus vite attiré par un titre d'un ouvrage étalé sur une natte en alfa et qui résume par son titre la situation de l'Algérie contemporaine « Ruptures et transformations sociales en Algérie » édité par l'O.P.U, V1, œuvre de l'éminent sociologue M'hammed Boukhobza, assassiné le 22/06/1993 à son domicile par des mains lâches et des

esprits obscures qui ne comprendront jamais l'importance de ses écrits, cet ouvrage que j'ai récupéré pour la maudite somme de cent dinars révèle la force des mots structurés qui continuent à faire prolonger la vie du défunt qui les a produit, après vingt quatre ans. L'œuvre de ce valeureux sociologue qui a sillonné le pays et qui a comprit dans la profondeur l'ensemble des espaces tant géographiques que sociaux qui caractérisent l'Algérie permet d'être un éclairage de valeur pour ceux qui veulent comprendre les péripéties des transformations sociales, économiques de l'Algérie, cette prise de conscience que suscitent les mots est synthétisé par cette appréciation de feu Boukhobza qui écrivit : « Quelle que soit la prise de conscience d'une classe elle est elle-même traversée par des courants antagoniques inhérents à l'ampleur des disparités qui lui sont propres aux raisons premières de la production de ces disparités. C'est pourquoi la notion de groupe, de fraction semble refléter des catégories plus proches de la réalité, c'est-à-dire plus proches de ce qui fait bouger les agents sociaux, de ce qui anime leurs activités ou leurs attitudes. » C'est dans ce sens que les fugues diffèrent d'un groupe social à un autre, mais chacune renferme des lots de vérité à expliquer. Celles qui s'opèrent par les mots provoquent débat et confrontations des esprits, elles mettent à nu en silence des situations inhumaines qui finissent, quand elles sont portées par des consciences éveillées à faire trembler le monde, dans le cas contraire les idées se mettent en hibernation en attendant les conditions nécessaires pour

avoir les effets attendus par les gens qui les adoptent. Beaucoup de pays ont opté pour l'uniformisation linguistique, pour freiner l'impact de ceux qui s'expriment et écrivent dans d'autres langues et qui ont la plume percutante ; cette attitude irréfléchie se brise au contact de la réalité, qui est la source de toutes les productions matérielles et mentales, car cette réalité finie comme un volcan à faire éclater des vérités qu'aucun despote ne peut nier, il faut se rendre à l'évidence que les réalités s'en passent de l'uniformisation linguistique car une situation de précarité ou d'opulence n'a pas besoin de langue pour se faire valoir, elles ont leurs symboles et finissent toujours par susciter actions et réactions, les fugues sont en fait l'un des langages intrinsèques de ces réalités, qui nécessitent changement et que les fugueurs tentent de provoquer , ces états de fugues qui n'abusent pas de la crédulité des ignorants finiront par rendre stériles les dépassements intrépides de ceux qui croient en leurs étoiles de maitres du monde et qui tirent leurs inspirations des fatidiques techniques de soumission des peuples, l'avantage de la fugue par les mots est son endurance, morts ou vivants les fugueurs par les mots participent à provoquer et à éclairer des situations embrasées, où leurs mots prennent la forme de fleurs qui embellissent les champs au printemps et qui sont annonciatrices de renouveau où s'estomperont toutes les velléités des rois.

Après réflexions, je me demande vraiment, si j'ai réellement fugué, ou c'est le hasard qui m'a amené à tenter

cette fugue par les mots, ces derniers qui poussent comme des pépinières et qui vous conduisent comme ces randonneurs qui pénètrent dans une forêt dense où il est difficile de se frayer une piste qui vous fera découvrir les merveilles de cet espace naturel, où se croisent des vies avec une multitude de langages, la fugue par les mots c'est ce qui nous arrive de mieux dans la vie, car elle arrive souvent par inspiration née d'une situation souvent complexe de l'existence. Fuguer, c'est transcendé toutes les péripéties qui sont sources de nos déboires, qui émanent de ce mouvement de la vie, à qui on voudrait donner une impulsion à la mesure de nos aspirations, de nos rêves et de nos attitudes face à un présent renouvelé, qui nous fuit et qu'on essaye de rattraper pour apposer l'emprunte, qui approuve ou désapprouve les événements, tout en proposant des solutions, dans ce mouvement de l'existence, le fugueur par les mots renforce la génération de Zabor de Kamel Daoud qui a retenu comme meilleure solution contre la mort : l'écriture ! A la différence les fugueurs n'ont pas peur de mourir, ils se sacrifient pour le bien de la planète et de sa population, ils sont porteur d'espoir, de changement, pour cela, ils ne reculent devant aucun obstacle, ils défient mer, terre, balles et prison pour un changement auquel ils croient, ils restent alertes sur tout ce qui touche à la planète, les fugueurs par les mots sont un support indéfectible aux autres et à ceux qui ne peuvent pas fuguer, ils sont les témoins intransigeants des événements qui meublent l'existence des êtres vivants et plus

particulièrement des humains et des sociétés, ils sont les plus redoutés car leurs témoignages interviennent toujours au moment opportun pour juguler les actions de ce qui ne s'agitent que pour faire peur au peuple et garantir la perpétuation de leurs intérêts, comme ce premier ministre qui dans une situation de crise vient balancer à la face du peuple que l'Etat ne peut pas assurer les salaires de ses fonctionnaires, alors qu'en période faste il ne disait jamais comment est dépensé l'argent du peuple, les fugueurs qui prennent la mer sur des embarcations de fortune, les chroniqueurs, bref l'ensemble des fugueurs sont là pour démasquer leurs mauvaises gestion en restant des symboles de hantises pour ces gouvernants, qui n'osent même pas se regarder dans un miroir de peur de lire à travers leurs rides que cachent les maquillages leur trahison pour le peuple qui les a vu mûrir, avec l'action des fugueurs, ils se rendront aussi compte qu'ils sont de mauvais joueurs de trictrac qu'est la vie, ils ont profités des dés truqués pour s'installer confortablement dans des postes qu'ils n'ont jamais mérité et qu'ils veulent garder éternellement par des subterfuges peu amènes ; pour glorifier leur présent, ils font appelle à celui des autres en s'appropriant toutes les actions élogieuses réalisées par ceux qui ont fait de l'amour du peuple et de la nation une obsession. Le jeu continue, mais quand on est mauvais joueurs on finit toujours par succomber à la justesse de l'action de ceux qui se battent pour faire éclore les vérités tant cachées et là se perd la dignité devant l'argent sale et les biens mal acquis, quelque

soit son rang que reste t-il alors à l'humain pour qu'il soit vraiment humain ?

Sans changement rapide, l'humain court vers une destination qui me semblerait très risquée, dans la mesure où il participe par son génie destructeur à forcer la nature à réagir, comme si elle se solidarise avec le mouvement des fugueurs, de temps à autres elle nous transmet des signaux comme des emails qu'on reçoit dans nos messageries, des tornades, des volcans, des séismes, des inondations et la sécheresse, sans oublier l'atmosphère qui exprime son ras le bol en obligeant les populations de certaines villes du monde à porter des masques pour se prémunir de la pollution, l'apparition des extrémismes dans toutes les sociétés, la course vers l'acquisition de l'arme nucléaire qui risque de ne pas rester à son état d'arme de dissuasion, que doit-on alors attendre devant un sombre tableau de la planète? Sans tomber dans un pessimisme béat, la réponse est sans aucun doute un adieu forcé de l'humain à ce vaste espace qu'il n'a pas su préserver, un adieu amer car il se fait dans la douleur la plus profonde. Ne pas reconnaitre cet état de fait et continuer à aller de l'avant en mélangeant le vin aux problèmes c'est aboutir à des vulgarités, à des atrocités que seuls les dictateurs et les sans cœurs acclameraient, ils trouveront dans leurs macabres déboires des justifications que nul sage n'accepterait ; La violence comme vecteur conducteur de leur stratégie de la terreur est devenue un phénomène qui n'épargne aucune nation, un phénomène mondial qui nécessite une thérapie

révolutionnaire à laquelle doivent participer tout les pays. Dans ce cadre, on doit mettre le doigt sur ce qui ne va pas chez l'humain, puis révéler le cheminement historique qui a aboutit à cette situation dramatique où on enregistre chaque jour des millions de morts (tueries, suicides, guerres....) et on doit noter que la main de l'homme tue plus que les cataclysmes naturels, alors comment l'être l'humain est arrivé à cette situation ?

D'emblée, il y a lieu de dire qu'avec l'évolution des sociétés humaines, l'être humain à perdu son humanité, dans sa course folle pour l'éphémère, il a édifié des systèmes économiques, des cultures et des idéologies qui ont engendré un effritement social, où l'être humain est devenu un élément dynamique de sa propre destruction, au point où les technologies modernes ont tendance à achever le processus de son isolement, l'humain discute moins, rencontre moins, fréquente moins, sa sociabilité est devenue électronique, sans sensibilité, ceci est aggravé par la main mise dans chaque pays sur les richesses par une nomenklatura, qui agit rien que pour ses intérêts propres, créant ainsi des inégalités criardes qui font qu'il y a plus de candidats et chaque jours à la pauvreté, dans ce dénuement dès fois presque absolue dans certains pays, naît ce sentiment de ne pas appartenir à l'humanité pour une grande majorité des peuples du monde (nantis ou s/développé). Dans les dédales de cette décadence les Etats produits par l'homme se confrontent pour asseoir une hégémonie nuisible pour le monde entier, cette stratégie

hégémonique est accompagnée le plus souvent par un phénomène de destruction sans limites, où des responsables inhumains se vantent de leurs prouesses ignobles, qui font de la planète un théâtre où se jouent les scènes les plus dramatiques de la vie humaine. L'ensemble des indicateurs plaide beaucoup plus pour un monde squatté et en danger, où les plus riches entretiennent cet état de violence pour se maintenir le plus longtemps possible au sommet de leur ignoble création, pour le reste Tuez vous! On parle du G8, des unions de pays, de pays émergents, les qualificatifs se multiplient, mais tous sont producteurs de violence et de destruction, une violence qui s'érige en système et qui est productrice d'emploie uniquement dans les services réservés à la sécurité des nomenklaturas, pour cela la révolution qui s'impose est de se mobiliser pour effacer toutes les conneries sur lesquelles est édifié ce monde malade et que l'être humain doit comprendre que cette planète est la sienne, ses richesses et son espace appartiennent à toute l'humanité, il faut juste remodeler les mentalités et que les minorités qui gouvernent le monde sachent que quelque soit la hauteur à laquelle on est hissé, on ne s'assoie finalement que sur son cul. Les fugueurs de tout genre s'inscrivent dans cette optique de changement, il va falloir juste leur prêter mains fortes pour traduire ces vœux en réalité, certains pays nantis sentant déjà le danger se mobilisent pour établir des barrières pour anéantir ces mouvements spontanés, en plus de l'imposition de visas et de réglementation qui favorise uniquement le déplacement

des élites intellectuelles, ces pays à leur tête les Etats Unis renforcent la surveillance au niveau de leurs frontières pour stopper net toute tentative de rentrer sur leurs territoires par les démunis des pays frontaliers. Ces actions sont renforcées par les partis de la droite au pouvoir et soutenues par les partis de l'extrême droite, qui clament haut et fort que leurs pays sont en danger, alors qu'ils oublient que ce sont eux les véritables instigateurs des fléaux qui frappent ces populations, ces dernières contraintes par la misère, le dénuement et les guerres à prendre tout les risques possibles pour assurer leur survivance et celle de leurs progénitures, ces situations drastiques que vivent les populations de beaucoup de pays sont rendues plus aigues par les crises économiques qui secouent ces pays, dont les pratiques gouvernementales ne diffèrent pas des anciennes stratégies coloniales qui visaient la soumission des peuples, ces derniers sont pris en otage par des pouvoirs dictatoriaux, qui prônent un semblant de démocratie, mais qui usent de tout les manèges de la peur pour assurer la passivité de leurs peuples face à la corruption, au détournement des deniers publics, au partage fallacieux de la rente, qui découle souvent de la mono-exportation, dont la grande partie s'en va par de multiples subterfuges aux comptes des membres des cercles du pouvoir et de leur alliés, au point où leurs enfants souvent jeunes détiennent des biens immobiliers et des entreprises de tout genre et des comptes bancaires bien garnis à travers le monde et le plus souvent dans les pays

qui leur assurent sécurité en cas de problèmes, comme certains pays, qui après avoir réussit à édifier une forte bourgeoisie grâce à l'argent du peuple , ils continuent à lui offrir les conditions de sa distinction sociale et gratuitement, ni la bourgeoisie, ni les syndicats n'ont étaient crées dans des conditions historiques objectives, la naissance d'un vrai prolétariat a était freiné par la liquidation des entreprises publiques, comme si on tuer l'oisillon dans l'œuf, pour ne pas entraver la formation de cette bourgeoisie compradore alliée incontestable d'un pouvoir, qui n'a de vision que pour la répartition inégale de la rente, dont les conséquences catastrophiques mènent le pays vers l'option de l'endettement extérieur, ou à la planche à billet, donc au point zéro de la dynamique de la croissance, dans ce marasme, ils restent encore des voix qui continuent à transformer une réalité économique et sociale désastreuse en réalité positive, cela pour la simple raison qu'elles sont les architectes d'un édifice qui risque de s'effondre à chaque bruit émanant du marché mondial, quant à la politique économique de ces pays, ils continuent à faire des salons de la production nationale avec des produits importés, laissons le reste à l'histoire d'en jugé les responsables de cette situation déplorable, laissons le temps au temps de faire la décantation. Toutes ces situations ne font que perdurer les fugues est les rendre de plus en plus objectives, car la grande majorité des populations baigne dans une misère insupportable, qui est source de toutes les aventures, cette misère se trouve aussi exploiter par un

secteur privé prédateur, qui embauche une main d'œuvre très bon marché, sans sécurité sociale et qui ne respecte en aucun cas la réglementation en vigueur, ayant était témoin d'exemples flagrant en la matière, j'ai retenu une illustration, dont les acteurs sont des vendeurs et conducteurs de camion chez un distributeur de boissons non gazeuses, ces conducteurs sans assurance commencent leur journée de travail à cinq heures du matin pour la terminer à quinze heures ou seize heures de la journée , à leur retour, dès fois ils sont engueulés pour les quantités invendues et perçoivent à chaque fin de travail huit cent dinars, ils ne sont payés que pour les journées travaillées, pas de jours fériés, leur seule journée de repos et impayée est le vendredi, cette situation ne s'applique pas seulement au distributeur de boissons non gazeuses mais à tout les secteurs, surtout dans celui de la construction où des ouvriers travaillent sans être payer sur de longues périodes. A cela s'ajoute les fausses déclarations de revenus qui impliquent un manque à gagner pour les services des impôts. C'est ainsi que le secteur privé amasse des fortunes à longueur d'année. Ces salaires de précarité poussent les gens à pratiquer d'autres activités non réglementaires et qui envoient souvent de nombreux jeunes en prison ou à prendre tout les risques pour rejoindre les rives nord de la méditerranée dans des embarcations de fortune.

Slimane le marxiste se remuera certainement dans sa tombe pour ce qui arrive à ce monde malade, Houria en tant que précurseuse de la fugue ne serait ce que dans ce

récit serait certainement fière d'avoir initié une fugue porteuse, dont l'impact est universel, elle serait certainement optimiste pour l'avenir qui n'est en fait que le présent des autres où les fugueurs réaliseront leurs rêves, elle serait ravie aussi d'avoir réveillé certaines consciences qui croyaient que les problèmes n'arrivent qu'aux autres, mais vivre dans une société où on est entouré de concitoyens malheureux ; on ne peux pas éviter de partager leurs malheurs ne serait ce que par visu. La tendance à la généralisation de la pauvreté à travers le monde et la concentration des richesses entre les mains de minorités serait la source d'un renforcement du changement prôné par les fugueurs, le monde est appelé à connaitre un profond bouleversement, qui risque de sonner le glas pour la race humaine, qui est entrain de jouer les dernières cartes de son existence, pour peu que l'humain soit courageux de faire stopper ces comportements arbitraires, il y a trop de mécontents sur la planète et ils risquent d'exprimer leurs mécontentement autrement que par la patience qui est de mise dans de nombreux pays. Relevons aussi qu'avec l'état actuel de la planète, peut-on vraiment discerner le prix Nobel de la paix ?

La réponse évidente est la négation, dans la mesure où les événements actuels à travers le monde ne plaident en aucun cas à la perpétuation d'un aussi valeureux prix et il me semble qu'aucun personnage au monde ne mérite une telle distinction, car tous les gouvernants sont impliqués dans le désordre qui caractérise la planète. Ce qui arrive au

peuple musulman de Birmanie est un exemple édifiant d'un Nobel à retirer à la concernée, car elle passe d'un statut de femme de paix à celui de femme « tyran sanguinaire », situation qui déshonneur Alfred Bernhard Nobel, Le Nobel de la paix doit être discerné au peuple qui à subit toutes les dérives de ses gouvernants, dans une crise qui ne dit pas son nom et qui est resté calme patient et qui attend à ce que les gens qui le gouvernent se ressaisissent et corrigent leurs erreurs, sans faire de bruit il accompagne son pays dans la douleur à régler ses problèmes dans la paix, c'est ce peuple qui mérite tous les honneurs et qui doit être choisit comme exemple en lui accordant le prix Nobel, dans le cas contraire on continuera à primer des individus, qui dans un concours de circonstances favorables réalisent une action bienfaitrice, qui cache tout un parcours de vie sataniste jonché de conneries et de comportements absurdes, c'est comme faire de Satan un ange pour avoir oublier un instant de s'interférer dans les œuvres de l'humain. Beaucoup de choses sont à revoir, les églises ne produisent plus de mère Theresa, en politique plus de Mandela…etc. il faudrait sérieusement inventer un autre prix, celui proposé par le conseil mondial des fugueurs est vraiment d'actualité, il récompensera ceux qui apporteront au changement un appui indéfectible, le changement qui sauvera la planète est plus qu'une nécessité, car c'est la race humaine qui est en jeu, l'humain risque d'évoluer malgré lui vers un macrocosme où l'humain prendra une autre forme, dont le nom reste à inventer ; le changement c'est modifier le regard vis-à-vis de ce qui nous entoure, penser le monde autrement, le monde intérieur doit être en harmonie avec le monde extérieur pour éliminer les états hypocrites de l'humain, apprécier les choses de la vie autrement, la

beauté, la joie, la tristesse, et tant d'autres aspect de la vie doivent être intégrer d'une manière différente dans la vie sociétale et individuelle, une actrice qui a voulu donner un autre sens au mots et au concept et traduire son vœux pieux de changement ne serait ce que commencer à exprimer de nouvelles idées à répondu « quand on lui a demandé de révéler ses secrets de beauté, la ravissante actrice Audrey Hepburn a écrit ce poème, qui fut lu à ses funérailles.

> **« Pour avoir des lèvres attirantes, prononcez des paroles de bonté.**
> **Pour avoir de beaux yeux, regardez ce que les gens ont de beau en eux.**
> **Pour rester mince, partagez vos repas avec ceux qui ont faim.**
> **Pour avoir de beaux cheveux, laissez un enfant y passer sa main chaque jour.**
> **Pour avoir un beau maintien, marchez en sachant que vous n'êtes jamais seule, car ceux qui vous aiment et vous ont aimé vous accompagnent. Les gens, plus encore que les objets, ont besoin d'être réparés, bichonnés, ravivés, réclamés et sauvés : ne rejetez jamais personne.**
> **Pensez-y : si un jour vous avez besoin d'une main secourable, vous en trouverez une au bout de chacun de vos bras.**
> **En vieillissant, vous vous rendrez compte que vous avez deux mains, l'une pour vous aider vous-même, l'autre pour aider ceux qui en ont besoin.**
> **La beauté d'une femme n'est pas dans les vêtements qu'elle porte, son visage ou sa façon d'arranger ses**

cheveux. La beauté d'une femme se voit dans ses yeux, car c'est la porte ouverte sur son cœur, la source de son amour.
La beauté d'une femme n'est pas dans son maquillage, mais dans la vraie beauté de son âme. C'est la tendresse qu'elle donne, l'amour, la passion qu'elle exprime.
La beauté d'une femme se développe avec les années. »[4]
Des idées, qui expriment une autre vision de la beauté, de l'amour, du don, et considère la beauté comme un bébé qu'on élève, elle grandit avec les années, car les caractéristiques que Audrey associe à la beauté ne relève pas du physique, car ce dernier est éphémère, mais d'autres aspect de la vie qui sont perpétuels et d'une utilité universelle, elle parle de la femme, mais ce qu'il dit s'applique à tout les humains, la beauté de l'intérieur est plus profonde et source de lumière qui transperce le regard et vous indique la voie qui vous conduit à la source de l'amour et de la tendresse, c'est dans ce sens que le changement auquel aspirent les fugueurs s'il ne vient pas de l'intérieur de chaque êtres, il ne sera qu'échec renouvelé, car il n'est pas passion.

L'actrice qui à répondu par l'écriture, sait pertinemment, que les paroles s'en vont et l'écrit reste, elle sait aussi que la procession des lettres et des mots est plus fulgurante, que les paroles d'un guide sans ardeur, elle sait aussi qu'il y a des valeurs éternelles qui doivent meubler la réalité des sociétés humaines et sans elles les humains

---

4/ www.annagaloreleblog.com/2015/10/10/la-beaute-selon-audrey-hepburn/

seront des égarés dans un faux cosmos dans les effets sont déjà vécus au présent. La charmante Audrey Hepburn a effectué deux fugues sans qu'elle s'en aperçoive, celle qui la conduite vers la mort et celle des mots, les deux réunies plaident pour un changement, lire ce poème dans ses funérailles c'est adressé un message posthume à celles et à ceux qui se croient éternels et qui s'agrippent avec passion à ce qui est éphémère en oubliant l'essentiel : les valeurs humaines !
En outre, bien qu'elle soit actrice talentueuse, elle s'est rendue compte probablement en retard, suite à la question qu'on lui a posée, qu'elle est mal connue, même ceux qui lui sont proches ne l'a connaissent pas en profondeur, avec le poème, elle a exprimé son amertume de s'en aller en inconnue et de dire aux autres les apparences sont souvent trompeuses, ne juger pas ! Aimez-vous les uns les autres et c'est dans l'amour que le monde peut changer dans le bon sens. Elle nous signale aussi que toutes les vertus qui glorifient l'humain sont devenues denrées rares, avec le temps ces vertus ont été remplacées par d'autres aspects de la vie qui ne sont que le reflet de ce monde malade.

Albert Camus déjà en son temps nous a fait un résumé de la grandeur chez l'humain, il écrivit alors : « Nous savons que la grandeur politique se perd plus vite qu'elle ne s'acquiert ; mais nous savons aussi qu'il est des grandeurs qui sont de tous temps, bien qu'elles ne s'obtiennent pas sans peine. Ce sont ces grandeurs qui nous mettent en route parce qu'elles ne sont pas fondées sur la haine ou sur l'oppression. Ce sont celles de la justice et de la liberté. »[5]

---

[55] **5/ Albert Camus : « Causerie adressée aux Roumains » (1945)**

Finalement, c'est de ces grandeurs éternelles qu'à besoin l'humain actuel et comme si l'histoire se répète on a l'impression, qu'on n'a pas évolué et les réflexions de nombreux penseurs disparus restent d'actualité. Les fugues enregistrées à travers le temps sont en quelques sortes l'expression de vouloir atteindre ces grandeurs perpétuelles, dont les fugues sont devenues les seules voies qui se présentent aux humains pour échapper au pouvoir souvent despotique de leurs semblables et pour atteindre les espaces où règnent même partiellement ces grandeurs éternelles. On n'a la sensation que le marronnage du temps de l'esclavagisme se répète, mais avec d'autres formes où les maitres sont les minorités qui détiennent les pouvoirs politiques et de l'argent et les esclaves sont les travailleurs, les démunis et la majorité des pauvres de la planète. Ce marronnage d'un nouveau genre traduit la force de l'humain à transcender la peur à aller de l'avant pour réclamer ce changement tant attendu, qui rétablira les grandeurs véritablement humaines, dont ont besoin les humains dans leur ensemble. Pour réussir la réalisation de ce changement, il faudrait l'accompagner d'un nouveau langage, que les supports de communication doivent adopter pour le rendre irréversible, les mots doivent traduire ce changement et doivent être un soubassement pour une nouvelle culture planétaire qui reniera tout les aspects négatifs de la vie, dont découlent les fugues. C'est en fait s'approprier le changement par les mots et les faits pour en faire une culture. Cette dernière devrait donner à la justice, la droiture et toutes les valeurs hautement humaines plus de pouvoir que les agissements malintentionnés des despotes modernes et doit aussi

permettre aux humains de vivre pleinement leurs rêves, ce n'est que dans ces conditions que le monde sera meilleurs, un monde où l'ignorance ne s'érigera pas en normes et le mensonge en langage dominant.
Dans ce mouvement de changement, chaque être humain doit agir à l'unisson dans le sens de la libération totale des esprits et des actes, pour asseoir définitivement un monde où la peur et la suspicion seront bannies, dans un sens plus vaste la citation du génie Albert Einstein résume à elle seule la manière que doit adopter l'humain pour changer le monde il écrivit : « Un être humain est une partie d'un tout que l'on appelle Univers. Une partie limitée dans le temps et lui-même dans l'espace. Il s'expérimente, ses pensées et ses émotions comme quelque chose séparé du reste, une sorte d'illusion d'optique...de la conscience. Cette illusion est une sorte de prison pour nous, en restreignant à nos désirs personnels et à l'affection de quelques personnes près de nous. Notre tâche doit être de nous libérer nous-mêmes de cette prison en étendant notre cercle de compassion pour embrasser toutes les créatures vivantes et la nature entière dans sa beauté.»[6] Hé oui ! Le changement doit être global, car l'humain n'est qu'un élément d'une globalité en mutation, qu'il doit gérer d'une manière intelligente pour créer son bonheur : celui d'être libre.

Au fur et à mesure que je réfléchisse à la suite à donner à ma fugue, de nombreux personnages me viennent à l'esprit pour me faire part de l'importance des chanteurs dans ce changement, ils doivent réfléchir à un hymne des

---

6/site internet : PSYCHO-TEXTES

fugueurs pour sacraliser ce mouvement, les penseurs dans toutes les spécialités doivent renforcer cette culture du changement et faire en sorte que leurs différents se taisent le temps de réussir ce changement planétaire; mais hélas ! Au moment où on espère réussir au moins verbalement quelques fugues ; des écrivains se disputent sur fond de diffamation et d'intrigues de basses besognes ; pour réduire à néant la réussite des uns et redonné de l'importance à celle des autres, façon de glorifier ceux qui croient absolument à leur absolue vérité, qui leurs permet de juger arbitrairement les idées et les actions de leurs semblables ; cet esprit absolutiste résonne comme un couac dans un espace culturel régenté normalement par une liberté de penser, qui devrait laisser libre voie aux lecteurs de s'accommoder à l'esprit qui leurs convient, en réalité ce couac est le résultat de l'illusion cultivée par certains, de se croire qu'ils sont l'unique rayon du soleil qui jaillit à travers les sombres nuages des quatre saisons, cet égocentrisme béat traduit réellement la difficulté d'amorcer pour certains le travail de formatage de l'esprit pour se conformer aux exigences de cet espace de culture ; dont les animateurs doivent assumer les multiples mutations à travers le temps. Se tromper de présent peut porter une estocade aux effets attendu des fugues, surtout quand l'erreur vient de ceux qui sont sensés réconforter les fugueurs dans leurs aspirations aux changements. L'avilissement des esprits, sous l'effet de l'âge, l'incompréhension des uns et des autres peut être un cas de

circonstances atténuantes à ceux qui croient capables de régenter ce qui reste de ce « butin de guerre » (expression chère à feu Kateb Yacine pour le cas de notre pays); par des brulots de mauvaises factures. Espérant que ces clivages non porteurs cesseront, pour laisser émerger d'autres plumes, qui hausseront le flambeau de l'intelligence et de la critique constructive dans un espace de liberté respectée.

Cette nécessaire consolidation du changement doit faire fructifier toutes les énergies positives, pour mettre les pendules à l'heure, en instaurant une nouvelle optique de la civilisation humaine, l'ensemble des données doivent être revues de manière à donner une harmonie au fonctionnement des sociétés. Les chercheurs de tout ordre doivent se remettre à la réflexion, pour créer d'autres concepts de gestion, d'appréhension des réalités sociales et de l'univers, les théories économiques, l'ensemble des sciences sociales sont à repenser de telle manière à consolider les nouvelles formes de fonctionnement des sociétés, car toutes les théories de gauche ont finit par produire dans leurs pratiques un conglomérat d'opportunistes, dont les plus percutants deviennent de vrais dictateurs! Quant aux théories libérales, elles ont finit par polluer les sociétés grâce à l'esprit aveugle pour la possession de biens et du numéraire, la recherche de l'eldorado à aboutit au pourrissement des relations sociales et internationales, au point ou pas mal de crétins se retrouvent maître du monde. L'éducation, l'université et la

formation professionnelle sont à revoir de fond en comble, pour asseoir une formation judicieuse des citoyens du monde. Certes les caractéristiques fondamentales des sociétés sont intouchables, mais la trame de liaison universelle doit être consolidée, les poètes accompagneront ces mutations avec leurs frêles sensibilités et se « porteront garant de notre avenir » expression emprunter à Aicha Kassoul qui écrivit à propos du rôle des poètes ; « Dans le silence de la république, à l'heure où l'homme est humilié, plus dégradé que jamais, faire revenir les poètes, sans eux, qui se portera garant de notre avenir et de l'horreur de notre présent ? »

Dans le sillage du changement, les fugueurs du monde entier sont unanimes à sacraliser un poème, qu'un fou fugueur a griffonné dans son dossier des souvenirs et qui traduit sa folle sensibilité pour l'œuvre de ses concitoyens du monde.

-Pouvoir, qui nous soumet,

-Misère, qui nous violente,

-Injustice, qui nous fragilise,

-Ignorance, qui nous aveugle,

-Racisme, qui nous violente,

-Guerre, qui nous massacre,

-Maladie, qui nous affaiblie,

-Faim, qui nous affame,

-Mort, qui nous décime,

-Prison, qui nous enferme,

-Vos déboires, suffisent pour une union sacrée,

-Union, des sacrifices, qui anéantira tous les malaises,

-Union, des humbles, pour vaincre le népotisme,

-Union, des juste, pour vaincre l'injustice,

-Union, des faibles, pour un fort succès,

-Ensemble, nous avons fugué et ensemble on vaincra.

-Gloire, aux fugueurs ! Gloire aux fugueurs !

Ce fantastique élan des énergies positives, transforme le monde en un havre de paix, de joie, de fraternité, où la vie reprend sa simplicité. Une simplicité fructueuse où tous les excès sont bannis, les êtres humains retrouvent enfin leur humanité, une réappropriation progressive, mais sure d'une situation qui a viré à la catastrophe sous l'effet de la

sacralisation des Dieux dollar et euro, des Dieux aux disciples égoïstes, dont leur égocentrisme a mené la planète vers la dislocation. Ce monde infâme, incrédule, injuste sera qu'un mauvais souvenir dans les esprits des gens, qui ont vécu les déboires crées par les stratèges d'une globalisation déstructurant, fondée sur la maximalisation et une concentration des profits chez une minorité de nervis sans foi, ni loi et la généralisation de la pauvreté pour la majorité de la population de la planète. Ceci dit, les fugues sont des indices de réalités incontournables façonnées par les êtres humains, dans leur quête de développement, certes une évolution remarquable dans tous les domaines est enregistrée, mais elle n'est pas accompagnée de garde fous, que sont la vertu, la morale et la justice, des paramètres anéantis par des substituts qui fonctionnent à contre sens des prouesses des génies humains.

Said Amrouni est né en 1957 en grande Kabylie Algérie, plus précisément à Timely, village relevant des Ait Aissa Mimoun, après des études au collège de Tigzirt sur mer, il rejoint le lycée Amirouche de Tizi-Ouzou où il a effectué ses études secondaires ; puis il opta pour des études en économie à l'institut des techniques de planification et d'économie appliquée de Benaknoun « I.T.P.A » où il a décroché le diplôme d'analyste en économie, il exerça ses fonctions dans l'administration locale à Tiaret où il a dirigé le service des études économiques et des statistiques à la direction de la planification de l'aménagement de territoire, il était chargé aussi de la gestion de deux grandes opérations du recensement général de la population et de l'habitat 1998 et 2008. Il a exercé comme pigiste au journal « Ouest Tribune » et a publié quelques réflexions dans le journal régional « Thamourt » et en 2016 il publia son premier roman de société « L'appel du fils » aux éditions « Edilivre ».

Cette planète où la mort et l'acte de tuer se vulgarisent d'une façon déconcertante au point où ils deviennent les aspects les plus diffusés à travers l'ensemble des supports de communication, cette planète en souffrance nous interpelle sur la nécessité de ne pas laisser le génie humain accabler par l'opiniâtreté de ceux qui se nourrissent d'ambitions disproportionnées par rapport à leurs malices vulgaires, rester indifférents à cet état de déliquescence de la planète, c'est s'inscrire sur le registre des témoins complices par indifférence avec les bourreaux et qui vous rend par inadvertance coupable, c'est aussi encouragé les faux dévots à se nourrir de cette complicité, pour faire de leurs rêves des réalités, dans cette atmosphère d'indifférence grandissent souvent les apprentis dictateurs et se mettent en place les fascismes de toute nature ; le dernier auquel la planète est soumise est celui de l'argent, ce dernier s'interfère dans tout les domaines et donnent de facto la puissance à ceux qui ont amassé des fortunes colossales.

FSC
www.fsc.org
MIX
Papier | Fördert gute Waldnutzung
FSC® C083411

Kolibri 360 GmbH
Ferdinand-Jühlke-Straße 7
99095 Erfurt, Deutschland
produktsicherheit@kolibri360.de

Druck:
CPI Druckdienstleistungen GmbH
im Auftrag der
Kolibri 360 GmbH
Ferdinand-Jühlke-Str. 7
99095 Erfurt